河出文庫

フルトヴェングラー

吉田秀和

河出書房新社

フルトヴェングラー

◉

目次

フルトヴェングラー

ヴィルヘルム・フルトヴェングラー
(1886-1954)

荘厳な熱狂

パリのフルトヴェングラー

僕がフルトヴェングラーをはじめてきいたのは、一九五四年の春、イタリアの旅を終えてパリに戻った五月初めのことだった。

僕のあわただしい旅行の間に、ニューヨークではトスカニーニが引退し、十一月三十日には南独のバーデン・バーデンでフルトヴェングラーが死んだ。そのほかにも四月にはパリの音楽院の院長デルヴァンクールが自動車事故で急逝し、ハンブルクのオペラのペーター・アンデルスが同じ自動車事故で九月の末だったかに死んだ。彼の柔らかな声はミュンヒェンできいた。『ニュルンベルクの名歌手』のシュトルツィングを歌っていた。僕はあんまり気にいらなかったが、いかにもドイツ風のテナーだった。気品もあった。

死は人を待たない。しかし、人を待たないのは死ばかりではない。あんなに親切にしてくれたヴァージル（トムスン）はこのシーズンからニューヨークのヘラルド・トリビューンの音楽批評をやめて、創作と指揮に専心することになったという話を十月にドイツできいた。その後釜には『ミュージック・クォータリー』の編集長で大著『ミュージック・イン・ウェスタン・シビライゼーション』をかいたポール・ヘンリー・ラングが据《す》わったそうだ。十一月にパリでそのヘンリー・ラングとオーリン・ダウンズとの二人のショスタコヴィチの『第一〇シンフォニー』のアメリカ初演の批評を読んだ。この二人の批評は正面からぶつかっていて、オーリン・ダウンズはこの曲を「ショスタコヴィチの書いたシンフォニーの中で最も力強く最も成功したもの」と呼び、「新古典主義の信奉者どもはあんまりよい気持がしないだろうが、感動的な緊張のこもった幅広い筆致でかかれた作品である」としていたし、ヘンリー・ラングのほうは「現代ソヴィエト音楽の特徴であるある種のブリュタリテをもってはいる曲、不協和な和音の連結はあるが時代おくれの和声で構成されたもの」と叩いている。

時代おくれの和声！　時代おくれのスタイル――

こんなふうにフルトヴェングラーも呼ばれていた！　誰に？　僕に直接それをいったのはミュンヒェンから来ていた若い気鋭の批評家だが、そのほかヴィーンで知りあった、これまた若いラズモフスキーという批評家もフルトヴェングラーの古さを僕に力説していた。中堅から若い作曲家たちの間では、彼の名がまったく出なかったことは、いうまでもないかもしれない。

しかし世間はそうじゃない。世間の人たちはみんなフルトヴェングラーを大指揮者、大芸術家、ドイツ風にいえば霊感にみちた権威の化身として、彼を尊敬していたし、パリで一番きれるという噂の『フィガロ』の批評家クラーランドン（ベルナール・ガヴォッティのペンネーム）はちょうどフルトヴェングラーをきいたばかりの僕をつかまえて、どうだ？　ときき、スュプリーム・トレ・トレ・マニィフィックといった形容詞をならべてほめあげていた。僕もそう思った。いつだったか、ほかのパリの批評家にパリで一番感心した指揮者は誰だったか？　ときかれた時、僕は「パリ最大の指揮者はフルトヴェングラーであり、パリ最高のオーケストラはベルリン・フィルハーモニーだ」といって、厭な顔をされた。

あんなに感激した音楽会は、ほかにそうはなかった。というより、演奏家というものに感心した限りにおいては、やっぱりフルトヴェングラーからの感銘が一番深かった。

四月の末にイタリアからパリに戻って数日して、パリのオペラ座にベルリン・フィルハーモニーを引率して来たフルトヴェングラーの指揮の音楽会を二日つづけてきいた。彼はこうしてベルリン・フィルハーモニーかヴィーン・フィルハーモニーかをつれて毎年パリを訪れてくるらしい。

　ところせましと椅子を並べたステージの袖の左右から楽員たちが一人一人きちんと歩調を合わせたみたいにして順序よく出て来て席につく姿をみている時から、もうほかのどこにも感じなかった真剣な――荘厳な感じがした。この人たちの音楽を大切にしていること！　「一〇〇人以上もの音楽家が燕尾服をきて並び、一五人もの第一ヴァイオリニストが同じ一本の旋律をひくなんて実に非能率的な時代おくれの話だ」と、僕は友人たちと日本にいる時に話しあっていたものだ。「楽器一つにマイクをつけて拡大してもよく、第一あの服装ではひきにくかろう。電気楽器ができればもう世界中どこへいっても経営難の交響楽団なんてものはいらなくなるはずだ」などとも。では、なぜこんなものが残っているのか？　交響管弦楽団のためにかかれた古い音楽をくり返しくり返しきいてあきない聴衆がいるからか？　レコードやラジオやフィルムで満足する人たちが現在でもずいぶん多いのだから、これがさらにふえてきたらどうなるのか？　「時代おくれの化物《モンストル・デモデ》」とステージの上の交響管弦楽団が呼ばれる日は、そう遠くないうちにきはしないだろうか？　もう今でも音楽家（作曲家）は従来の楽器に合わせてかくためにいろんな無理を感じている。現代音楽が演奏家から好んでとりあげられない理由の一つは、それらが彼らの楽器にぴったりあって書かれていないからでもある。だからピアニストはいつもショパンばかりひきたがる。そうして作曲家は——今や別の楽器をさがし出す。電気楽器オンド・マルトノからテープト・ミュージックへ、ミュージック・コンクレートへ、エレクトローニッシェ・ムジークへと作曲家たちは実験を重ねてゆきつつある。作曲家は技師になり、事実ピエール・シェッフェルをはじめ電気技師上がりの作曲家がふえてきている。ケルンの放送局で電子音楽の実験をしている作曲家のシュトックハウゼンがヴィーンに来て作曲家の小さな集まりで講演をした時、彼の説明は、ほとんど数字を黒板にいっぱいかきつらねることでしかなかった。

ではオペラ座のステージに一人一人両側から、静々と並んで登場してくる楽員たちは何をしていたのだろうか？　あれは儀式だった！　ステージは何か神聖な儀式を執り行なう場所になっていた。第一次大戦後にベルリンの音楽評論家アドルフ・ヴァイスマンが『音楽の神格離脱』(Entgötterung der Musik) という本を書いた。日本でもたしか翻訳が出ていたはずだ。敗戦によって神格を離脱した例は日本の天皇だけではない。ドイツでは音楽について、そういうことがいわれたのだ。いわれる、何かの必要があったのだ。しかし僕は、一九五四年の春、あの人間的な、あまりに人間的なパリのステージで（パリのオーケストラの楽員の行儀の悪さはまた格別だ。脚を重ねるもの、うろちょろあたりを見廻すもの、そのうえ第一ヴァイオリンのセクションだって弓が満足に揃やあしない。このことはまたあとで書こう）、第二次大戦でそれこそ凄惨とも何ともいいようのないくらいやっつけられたベルリンから来た音楽家たちが、音楽の儀典を執り行なうのをながめ、かつきいた。それは荘厳な熱狂だった……。

楽員たちが一わたり席について四辺が静かになると、しみるように白いチョッキを着た長身瘦軀の、教授か高僧かとみるほかないような男が出てくる。飄々とといいたいが足取りは定かではない。それにゲルマン人種の誇りだとかいう長頭を支える頸がいやに長くて少しふらふらとゆらいでいる。指揮台に上ると、両手を胃のあたりの高さにつき出して自動車の運転手がハンドルを握るみたいな位置でゆすり出す……。

しかし何という音楽だったろう！　ヘンデルの『二長調の弦合奏のコンチェルト・グロッソ』で第一ヴァイオリンのソロにつづいて、バスがずしりとはいってきた時の手応え。それは滑らかで、静かでしかも充実していた。僕はさんざん飛行機に乗ったが、どんな新しい飛行機が着陸する時でも、あんなに静かで快い手応えを感じるまでにはとてもいかなかった。それからブラームスの『三番のシンフォニー』ではブラームスの音というものに、今度こそ確信をもった。これは室内楽と大管弦楽との中間の独特の音楽である。厚ぼったいが柔らかくふくらんでいる。各種の木管の混ぜ合いから生まれる音色とふっくらとして重い低い弦の音、高いオクターヴの弦の音。そうしてときどき飛び立ちきしむようなリズミックな音型と甘い抒情的な歌との鮮かな対比で展開してゆく明暗。それから休止の沈黙に対する特別に入念な配慮。ブラームスがベートーヴェンから学んだものの中で、これは最小のものではない。このあとボリス・ブラッハーの『ムジーク・コンチェルタンテ』があってから、R・シュトラウスの『ドン・ジュアン』を演奏したが、この曲にこんなに酔ったことはなかった。レーナウの詩によるシュトラウスの『ドン・ジュアン』は、理想の女性を求めて遍歴したあげく絶望の末進んで決闘に出て殺されるという筋だったと思うが、このロマン的感傷的なドン・ジュアンの像がドイツ人にはやはり生きたものなのだ。曲の中間のあの濃艶な女性の旋律は、この後ドイツに行って出くわした身体が大きく厚ぼったくて、しかも並々ならず優しくて、聡明でさえある美人たちの、僕にとっては先触れだった。そうしてドン・ジュアンがしだいに絶望的厭世的になってくるあたりからの音色の曇り。それは日蝕みたいに肌寒かった。本当に背筋がぞくぞくしてきた。こういう官能的な陶酔が、まるで高僧のような人のふるえる手先にあやつられる百数十人のドイツの謹直な音楽家の儀式から生まれるなんて、何というドイツの不思議な逆説だろう！

その後も僕はドイツ芸術の神聖な猥褻性に何度も驚いた。ヴァーグナーはもちろんだが、トーマス・マンもゲーテもその例外ではなかろう。

けれども、僕のこの時のフルトヴェングラー体験の絶頂は、アンコールでやられた『トリスタンとイゾルデの前奏曲』と『イゾルデの愛の死』だった。オーケストラの楽員の一人一人が、これこそ音楽中の音楽だという確信と感動に波打って、演奏している。いや確信なんてものでなく、もうそういうふうに生まれついてきているみたいだった。フルトヴェングラーが指揮棒をもった右手を腰のあたりに低く構えて高く左手を挙げると、全オーケストラは陶酔の中にすすり泣く。それにベルリン・フィルハーモニーのフォルテとピアノとの対比の美しさは、まったく素晴らしい。ことに、ピアニッシモの美しさはほかで絶対にきいたことのないものだった。オーケストラが完全に鳴っていてしかもあんなに静かで、あんなに表情にとんでいる、こんな小さな音！

レコードできくと、フルトヴェングラーがしきりと細かくテンポを動かして、速めたり、おそくしたりするのが、ややわざとらしくきこえる。しかし実際にきくと、そのテンポの変化は、いつもダイナミックな変化と照応していて、音量が実に細かく増減し、それにつれて音色もきらめくような輝きから艶消ししたようなピアニッシモ、いや艶々していてしかも微小な弱音にいたるまで変化しているので、少しも不自然に感じられない。これはまたトスカニーニのように絶対にイン・テンポでおしきっているようにきこえるくせに実際には実に細かくふくらんだり、しぼんだりしながら動かしているのと、実に見事な一対をなしている。ともかく、フルトヴェングラーは、見ながら実演に接するのと、レコードできくのとでは大変な違いがある。おそらく最も機械化されにくい演奏のタイプである。機械はどんなに精巧になっても音の微細な波動をあるところできりおとしてしまう。自動的にそうするのを、人間は変えることはできても、ふせぐことはできない。

フルトヴェングラーの棒は見にくい。アインザッツが乱れやすい、という話を僕らは始終きかされていたが、僕はそれほどに思わなかった。かなりに簡素なものであり、その棒はくの字形に震えはするが、どこに句読があるのかわからないというのではない。これは以前に比べるとずっと簡素になったのだ、といって説明してくれた人がある。以前の彼を知らないが、僕の見たところでは評判とはずいぶんちがっていた。よく一音符一音符をおろそかにしない演奏ということがいわれるが、フルトヴェングラーの指揮は、その一音、一フレーズ、そうして一つの休止！　をとても大切にして、表情をつけていることが特徴である。そのどれもが、物語るか、歌うか、行進するか、嗚咽するか、絶叫するか、祈るか、している。

二晩目は別宮貞雄君ときいていたら、大岡昇平氏とばったり会った。終わって出て来たら、氏は腹がすいたから何か食べたいというので、オペラ座の少し横のレストランに行った。パリのビフテキは硬くてくえないとか、いやパリではシャトーブリアンとか何とか名のついてないただのビフテキというのが一番悪い肉なんだとかいうような話をしながら、音楽のこともしゃべりあった。今きいてきたばかりの「ベートーヴェンの『第五シンフォニー』というやつはいつきいても退屈な曲だ」というのが大岡さんの説であり、この曲はヨーロッパ音楽の歴史を通じて最も代表的なよくできた、数少ない曲の一つであるというのが僕と別宮君の説だった。ヴァーグナー嫌いといい、この説といい、僕はスタンダリアンとしての大岡さんの首尾一貫した態度に大きな敬意を払いながら、カマンベールだったかをパンになすりつけて食べた。

フルトヴェングラーは、その後、ザルツブルクで『ドン・ジョヴァンニ』と『魔弾《フライ》の射手《シュッツ》』、バイロイトで『第九』をきいた。ことに『第九』は感心した。第三楽章がよかった。第四楽章の歓喜の主題がバスで出た時はずいぶんおそく、はるか遠くからの声のようにきこえる。それが反復されるたびにだんだん速くなり、しだいに近よってきていって、合唱にもってゆくところは、何ともめざましいばかりだった。ここの合唱はまたとびきり上等で、男声のよいことといったら、西ヨーロッパの最高級ヴィーンのジング・アカデミーやベルリンのザンクト・ヘトヴィク教会の合唱団以上のものだった。数あるドイツ各地のオーパーの重要メンバーが集まり、しかもほとんどみんな十年以上もここに歌っているのだそうだ。

オペラのことは別に書く機会があるだろう。演奏会でのフルトヴェングラーの指揮で、本当に感心——というより何か唯一無二の感銘をうけたのは、実は今までかいてきたことのほかに、その高い精神性というものである。ところで、僕は音楽に露骨にこういうことをみつけるのが一番苦手なのだが、フルトヴェングラーでは、文句なく頭を下げ、そういうものの尊さを思い知った。これがあるから、古典派やロマン派の、もう数えきれないほどきいてききぬいた音楽を、初めにかいたように百何十人の人間が、白と黒の礼装をして行儀よく並んで非能率的な振舞いをするのを、依然として見たりきいたりする人が数限りなくいることがよくわかった。聴衆も、ドイツに行くと、本当に襟を正してきいているという態度が一般的だ。観念というものは、生きている人間以上に執念深いものらしい。

フルトヴェングラーはもう片耳（右だったと思う）がきこえなくなってきていたのだそうである。実際舞台姿もずいぶん弱っていた。僕は大岡さんとも「このへんが見納めになるかもしれないな」と話しあったものだ。

しかし若い世代のフルトヴェングラーへの反感のもう一つの理由は、ドイツで勢力をどんどんはってきた無調の音楽に彼があくまで反対していたことにもあるらしい。

僕は二日位おくれてきけなかったが、秋のベルリンの芸術祭で彼は自作の『第二シンフォニーホ短調』とベートーヴェンの『第八シンフォニー』とからなる音楽会を指揮していた。「あれは無調音楽へのアンティテーゼとして書かれたものだ」とある批評家が笑いながら話してくれた、「その大部分はブルックナーとチャイコフスキーであって、フルトヴェングラーはあの中には少ししかいない」。「しかしフルトヴェングラーは偉大な指揮者である」という点では、僕たちの意見は一致した。ドイツにはハンス・クナッパーツブッシュ、オイゲン・ヨッフム、カイルベルト、ハンス・シュミット＝イッセルシュテット、カール・ベーム以下指揮者はたくさんいる。しかし、その誰もフルトヴェングラーのように偉大ではない。一体指揮者が偉大である必要があるのか？　そんな必要はないのだ。だから偉大な人物は万人から尊敬もされるが、よけいもの扱いもされるわけだ。

フルトヴェングラーが一九二二年だったかから、ベルリンとヴィーンのフィルハーモニーを指揮している限り、聴衆が満足していればいるほど、ほかの指揮者には眼障《めざわ》りでもあったにちがいない。みんなはそのわき道を通りすぎたり、別のところで仕事をしていた。正面からぶつかったのはヘルベルト・フォン・カラヤン一人だったろう。カラヤンは日本のファンもきいたはずだ。僕は十月になってやっとベルリンできいた。そうしてなるほどこれはちがった新しいタイプだと思った。

またフルトヴェングラーは、おそらく今世紀のドイツ指揮者中、一定の都市にしばりつけられずさかんに旅行する演奏家としての指揮者の最初のタイプだったろうと思われる。前の世紀に、それまでいくつもの地方文化が集まってできていたドイツというところに、首都ベルリンというきわめて英仏型の世界都市的な性格の都市が作りあげられたように、今世紀の二〇年代にフルトヴェングラーとベルリン・フィルハーモニーがドイツ音楽の中心的頭脳的存在になったということも、ドイツの歴史からみてきわめて異常な出来事だったように僕には思われたのだった。淵源を辿ると十三世紀だったかまで遡りうるヴィーン・フィルハーモニーと、僅々七十年の歴史しかないベルリン・フィルハーモニーの性格と歴史の違いということ、これも僕にはさんざん考えさせられる問題だった。

フルトヴェングラーの思い出

フルトヴェングラーは一九五四年十一月三十日に死んだ。行年六十八歳。私はちょうどその前年海外旅行に出、五四年十一月に帰国、友人との集りで旅行先の見聞談をしているところに、雑誌社から電話で、この大指揮者の死を知った。つい先日きいたばかりといった気持ちのたかぶりの中でその人についておしゃべりしている最中の弔報である。当然それは私には信じがたく、受け入れがたく響いた。

一九五四年は二十世紀の指揮の歴史で一つの節目をなす。同じ年の春、ニューヨークでトスカニーニ、あの超人的記憶力を誇っていた巨匠が、演奏中、突然さきを思い出せなくなった。途端に指揮棒をおいて退場した彼は、その後数日をおかず、引退を声明した。万事において、自分の信条に忠実であること、その一筋に生きてきた人物にふさわしい進退であった。こうして、その人間性と芸術性の両面から、対照的存在として二十世紀前半の演奏史を二分したといってよい指揮の巨人が相ついで、舞台から姿を消した年、それが一九五四年だった。

それから二十五年たった今、たまたま七〇年代の最後の「展望」を、私はフルトヴェングラーの思い出に当てたい。それはまた二十世紀における音楽と政治をめぐる問題の一端にふれることにもなろう。

話は、だが、まず音楽から。私はこの機会に久しぶりフルトヴェングラー、トスカニーニらのレコードをあれこれきき直してみたが、フルトヴェングラーでは、何度きいた演奏でも、きき直すたびにいつも何かかにか、新しくきこえてくるものがある。それも演奏というより、曲が新しい光で現れてくる。これはこういう曲だったのか？と新しく目を開かれる思いできくという経験をする。トスカニーニのレコードが忘れていたものを思い出さすという働きをするのと逆である。

フルトヴェングラーの演奏の最大の特徴がはやさの伸縮の烈しさにあったのは誰も知っているが、彼はそれをほとんど許容の限度ぎりぎりまで使った。私など時に耐えきれない気がすることがある。けれどもその変化の振幅は、注意してきくと、はやさの上だけの出来事でなく、音の強弱、もり上がり、沈静化、音色の変化、リズムの強調の変化などと結びついている上、当面の楽曲のどういう場所、どんな意味のある箇所で、振幅が著しくなるかについて、いつも周到な配慮のあることがわかる。特に一つの主題からつぎの主題に移ってゆく移り変りの楽段に頻出する。彼はこの推移の扱いにおいて天下一品の名手であった。

フルトヴェングラーできいていると、推移は主題の間にはさまれた中間ではなく、一つの主題から生れ、つぎの主題に熔け入ってゆく、いわば成長の過程だということがわかる。その過程の中で蛹が蝶になるように、音楽は一つの変様をとげるのである。彼の棒の下、テンポは大河のようにゆるやかに、あるいは突風のように強く烈しく変る。しかしそういう時でさえ、変化は、私たちが気がつくより前から準備され、長い道を通っているのが普通である。この点で、彼はメンゲルベルクのように、突如としてある局部がおそくなったり、はやくなったりするのとは、全くちがう。

フルトヴェングラーでは、音楽は幾つかの部分をつぎ合わせ、縫い合せて全体にするというのとは正反対だ。すべては最初の萌芽の中に潜在していたものが、成長し、繁茂し、成熟し、それから老廃し、終結に向うという有機的な生命的な展開にそっくりの道をたどる。こうかくと「植物的」で、すべてが目立たず静かに変ってゆくようにとられるかも知れないが、植物においてさえ、発芽、開花、結実といったものをとっても、よく観察すれば、それがどんな突然変異にも劣らないショッキングでダイナミックなものかわかるはずで、フルトヴェングラーでは、そのダイナミズムの一つ一つがきくものの驚異を誘発する。

彼のレパートリーの中心はベートーヴェン、シューベルト、ヴァーグナー、ブルックナー、ブラームスら十九世紀ドイツ音楽にあった。その音楽の構造はソナタ形式にあったわけだが、彼できくと、ソナタ形式といっても、楽式の教科書にかいてあるものがどんなに形骸だけの不完全なものかがわかる。作曲家は、図式に則してかいたわけではない。こういう音楽を扱ったフルトヴェングラーのレコードは数え切れぬほどで、私などその何分の一もきいてないだろうが、今度きき直してみて、特に感銘の深かったのはシューベルトの『ハ長調大交響曲』とブラームスの『第三交響曲』（共にベルリン・フィルハーモニーと。MG六〇〇七、六〇〇三）だった。この二枚は私には両曲についての最高のものを啓示する。これにベートーヴェンの幾枚かとヴァーグナー『トリスタンとイゾルデ』全曲盤なしには、私の理想のレコード文庫は成立しないだろう。

彼のレコードに精通する人びとはスタジオ吹き込みに比べ実況録音の方がずっと精彩があるという。多分、その通りだろう。だが、そうだとすると、それはフルトヴェングラーの演奏に出来栄えの差があるという以外に、レコードでは、音を拾う上ではるかに不利な実況録音でも、たとえ、演奏如何によっては、高性能の設備の整ったスタジオよりはるかに良い成果が得られるという証明になる。そこにさらに、最近のレコードの中には、一度きけばそれでわかってしまい、二度きく興味をそそられないのが少なくないという事実を加えると、二十世紀三〇年代からのレコード界の技術上の飛躍的進歩は「音楽」にとり果してどんな意味があったか?を考え直してみる必要が出てくる。今の調子を続けていけば、死後二十五年どころか、何年もたたぬうちきく人のないレコードの類が山積するのではあるまいか。

元来が無機的な物質である音が相よって一つの生きものとして立ち上がり、こちらに向け歩いてくる。フルトヴェングラーをきくということは、この事実を経験することにほかならなかった。とすれば、その演奏行為を中心で指導していたフルトヴェングラーは、文字通り音楽を生きていたといってよい。彼が外界はどうあれ、自分はそれから独立した芸術の世界の住民だと信じていても不思議ではない。現に一九三六年、ナチ・ドイツから彼を引き離そうとした人たちが、トスカニーニの後任としてニューヨーク・フィルハーモニーの常任指揮者に招いた時、彼は「公衆が政治と音楽は別だと認めるまではニューヨークで指揮するわけにいかない」とことわったそうだ（メニューイン『果てしなき旅』）。

彼のこの考えは徹底していて、同じ一九三六年、こんどはバイロイトでヒトラーと会った時も、ヒトラーに「宣伝のため党の目的に甘んじて利用されるべきだ」と言われ、即座に拒絶した。腹を立てたヒトラーが、「それなら強制収容所行きだ」と言うと、フルトヴェングラーはちょっと沈黙したのち「総理閣下、そうしていただけたら、すばらしい仲間に入れてもらえるわけです」と答えた。こういう返事にあったためしのないヒトラーはよほど面くらったのか、いつものようにどなり立てることをせず、いきなり背を向けて出ていった。

この話も、同じメニューインの本に、ヴァーグナー一家に属しながら、ナチと手を握るのを潔しとせずロンドンに亡命したリヒャルトの孫娘フリーデリントの報告としてのっている。フルトヴェングラーは、ほかにも、多くのユダヤ人音楽家を援けて、亡命の便を図ったり、ベルリン・フィルハーモニーを率いてフランス占領地を巡演する件をことわってもいた。

それでも、彼はナチ・ドイツの下で戦争のごく末期まで公職についていたのである。そのことは政治的意味を持たぬわけにはいかない。たしかに音楽は政治と別だが、音楽をやる人間は、普通の人間の住む世界、つまり政治的世界の外に生きているのではない。音楽家といえど、普通の人間としての政治的倫理的責任はまぬがれないのである。ユダヤ人でありながら、フルトヴェングラーを「戦犯」の身分から救い、音楽家として復権さすために献身的にたたかったメニューインは「彼の誤りは、私のそれと同様、音楽の力を過大評価したことにあったのだろう」と結んでいる。

二十世紀前半の音楽家は政治との容赦のない対決を強いられて生きた。最近話題になったショスタコーヴィチもその一人で、ショスタコーヴィチにより語られ、ヴォルコフにより編集された『証言』という題の本は、社会主義国でもこの問題は解決されたどころか、それなりに新しい問題にせまられていることを改めて示している。芸術と政治という問題はとても一筋縄では手に負えない。

（1979. 12. 27）

フルトヴェングラー

1

フルトヴェングラーの指揮姿に——しかも彼が死んだ一九五四年という年にはじめてヨーロッパに旅行したくせに——何回か接することができたというのは、私がいまだに自分の幸福の、それもいちばん混じりけのないよろこびに数えているものの一つである。

私は、まずその年の五月パリで、ベルリン・フィルハーモニーを率いてきた時のフルトヴェングラーを二日間続けざまにきいた。それから七月から八月にかけて、ザルツブルクでオペラ『ドン・ジョヴァンニ』と『魔弾の射手《フライシユッツ》』を指揮する彼をきき——この時のオーケストラはヴィーンの国立オペラ、つまりはヴィーン・フィルハーモニーの連中だったはずである――、その足で今度はバイロイトにまわって、あすこの祝祭劇場でベートーヴェンの『第九交響曲』をきいた。この時と同じメンバーによる一九五一年度の演奏がレコードになって残っている。

このほかにも、私はヴィーンとベルリンで、それぞれ、もう一、二日早く行っていれば、彼をきくチャンスに恵まれたはずだった。しかし、それがきけなかったことを別に惜しいと思っているわけではない。私は、自分が何回か、それを以上のいろいろな土地で、いろいろな重要なプログラムで、フルトヴェングラーをきくことができたということで満足しているのである。

まあ、強いていえば、バイロイトでヴァーグナーの楽劇を一つ、『トリスタンとイゾルデ』か『ヴァルキューレ』がきけたら、もっとうれしかろうと考えることもできなくはない。だが、正直のところ、私はパリで『トリスタンとイゾルデ』の〈前奏曲〉と〈愛の死〉をきいていて、その時はすごく感激したものだった。たとえ、あの楽劇全体がきけたとしても、果たして、あれ以上の何が感じられたかどうか。

フルトヴェングラーは、この曲を、パリでのベルリン・フィルハーモニーの演奏会のアンコールとしてやったのだったが、それは本当にすばらしかった。当時、私は旅先から東京の雑誌に旅行記を書きおくっていて、それがのちに『音楽紀行』という題で本になった。今、その本を開いてみると、こうかいてある。

「けれども、僕のこの時のフルトヴェングラー体験の絶頂は、アンコールでやられた『トリスタンとイゾルデ』の〈前奏曲〉と〈イゾルデの愛の死〉だった。オーケストラの楽員の一人ひとりが、これこそ音楽中の音楽だという確信と感動に波打って、演奏している。いや確信なんてものではなく、もうそういうふうに生れついてきているみたいだった。フルトヴェングラーが指揮棒をもった右手を腰のあたりに低く構えて高く左手を挙げると、全オーケストラは陶酔の中にすすり泣く。」

妙な文章であるが、あの時、私のみたものについては、ああたしかにそうだったとはっきり思い出すことはできる。そう、私は演奏に感激すると同時に、ベルリン・フィルハーモニーの楽員が、ことに指揮者の左右で前のほうに坐っていた弦楽器のメンバーが身体を前後に波打たせて演奏していたのにも、注目していたのだった。それはまさに、自分と自分のやっている音楽とが一体になっている境地を告げているようにみえたものである。「これこそ音楽中の音楽だという確信と感動に波打って、演奏している」という文法的にみても誤りでしかない文章は、そのことを述べたいばかりにかいたのだった。そのつぎの文章も、いけない。話にならない。だが、もう一つ次の文章は、これも私のみたものを伝えたものである。

「指揮者の左手が高くあげられる時といえば、奥に坐ったホルンとかトロンボーン、トランペット、ないしは打楽器に入りの合図を伝えるためであるのが普通なわけである。そうして、指揮者のこの合図に応えて、荘重なコラール風のファンファーレが開始されるとか、金管で力強い主題が出現するとか、私たちのみなれているのは、まず、そういう光景である。ところが、フルトヴェングラーだと、そういうことももちろんあったにちがいないのだが、私の印象に今でも鮮やかなのは、『トリスタン』の前奏曲で、彼の右手が拍子をとるのをやめて腰のあたりに低くおかれてしまっている一方で、左手が高々とまるで炬火《たいまつ》でもかざすようにあげられる。それにつれて、百人を優に越すオーケストラのトゥッティが最高潮に達し、興奮の極に上りつめる。しかもそれが、ただの巨大な響きになるというのでなくて、〝すすり泣く〟のである。あるいは歓喜と苦悩の合一の中で、笑いながら泣くといってもよいのかもしれない。そうしてその響きに包まれる時、聴衆もまた、この永遠の恋愛の劇である『トリスタン』のまっただ中にいることになるのだ。」

私は、このあと、「ベルリン・フィルハーモニーのフォルテとピアノとの対比のすばらしい美しさ、ことにはピアニッシモの絶妙さ」についてふれていたけれども、こんなことがありうるというのも、私には、ショッキングだった。

『トリスタン』のスコアは、なまじっか抜萃して引用してみてもむだだからやめておくが、〈前奏曲〉のあの聞こえるか聞こえないかの微妙な開始から少しいって、しだいに高潮（アニマンドに入って）、第一ヴァイオリン、第二ヴァイオリン、それからヴィオラと弦楽器がかけ合いで、長い音階をひきずりながら、主題の楽想をひくところがある。これが、要するに前奏曲のクライマックスをつくっているわけだが、そういう時に、フルトヴェングラーは突然、右手で拍子をとることをやめてしまうのである。

しかも、この箇所では、つぎからつぎとクレッシェンドを重ねながら、クライマックスにのぼりつめるその間にも音楽家は、ただフォルテばかりでなく、ほかのどんなところでもぶつかったことのないようなピアノを忍びこませてくる。しかも、そのピアノがまた、実によく聞こえるのである。ごく短い間だが心にしみ込むように、聞こえてくるのである。

この〈前奏曲〉と〈愛の死〉の演奏は、幾通りかのレコードがあるはずだから、きいたことのない人のほうが少ないのだろうが、もし、これからレコードを買うという人にきかれたら、私は躊躇なく、『トリスタン』の全曲盤をすすめるだろう。もちろん、そのほうがたくさん金がかかるわけだが、しかしどうせ一生の間にはレコードを何十枚か、ことによったらそれよりもっと多く買うだろうと見当がついている人だったら、やはり全曲盤を買うべきだろう。その中には、ここではとうていかきつくせないほどのすばらしい音楽が充満しているのだから。

　私は、つい先ほど、自分がフルトヴェングラーの指揮で『トリスタン』の全曲をきいたのでなく、〈前奏曲〉と〈愛の死〉しかきいてないことを不満に思わないとかいたのは、実演でのことである。だから、もし、一部を実演できくか、それとも全曲をレコードで買うか、そういう二者択一を迫られたのだったら、もちろん、私は、たとえ一部なりと実演できくほうを選んだろう。実演のほうが、私には、わかりやすいからである。

　そうして『トリスタン』という曲は、今日の耳できいてみても、依然として、大曲であり、難曲であることは少しも変っていない。

2

　フルトヴェングラーという音楽家で特徴的なのは、濃厚な官能性と、それから高い精神性と、その両方が一つにとけあった魅力でもって、きき手を強烈な陶酔にまきこんだという点にあるのではないだろうか？

このことは、彼の指揮したものなら、たいていどこにも見出される。それはブルックナー、ブラームスや、モーツァルト、バッハだけでなく、ベートーヴェンにも、ヘンデル、R・シュトラウスにも出ている。それから彼のシューマンがそうだし、彼のチャイコフスキーだってそうである。

フルトヴェングラーが第二次大戦中のベルリンでフィルハーモニーを指揮したベートーヴェンの交響曲が近年日本でもレコードになって、簡単に買えるようになった。なかには、ヴィーン・フィルハーモニーとのもあるが、ともかく、それらによっても、『第三』『第四』『第五』『第六』『第七』『第九』の各交響曲がきける。

みんなすばらしいが、それらをきいていて、そこで圧倒されるような想いがするのは、演奏の不思議な生々しさである。これは実況をとったものだからというのとは、全然何の関係もないことである。そうではなくて、ごく単純に、そうして純一に、これらの曲が、そこでは、それぞれ一つの生きた劇として、生きた抒情として、生きた運命として、生きた観念として、全面的に生きられて提出されているからである。

いつぞやも、『第五交響曲』をきいて、まるで怪物がこちらに向って歩いてくるような感じをうけた。こうかくと比喩のようにうけとられる恐れがあるが、実際、ここでは《音楽》がこちらに向って歩き出してくるのである。重くて、野蛮な足どりでもって。『第九』も、また、そうである。しかし、ここではその足どりは怪獣のそれではなく、もっとずっと憂鬱な、そうして神秘なものの歩みとしてはじまる。私は、第一楽章のことを言っていると同時に、終楽章のあの〈歓喜によす頌歌〉の開始を指しているのである。この巨大な交響曲の両端楽章には、同じくらいの苦悩の暗さと、それをすかして遠くから私たちを指し招いているような仄かな光とが射している。ベートーヴェンは、それを「歓喜・美しい神々の火花」と呼んだが、私には、そうなのかどうか、いまだによくわからない。しかし、私にはいやというほどよくわかるのは、ここに悩み苦しんでいる人間がいるという事実である。それからまたフルトヴェングラーできく第二楽章では、やはり、これが怒りの爆発なのか、荒々しく挑戦的ではあるが、しかし喜びの束の間の沸騰であるのかを区別することはすごくむずかしいが、しかし、ここに何かそういった異常な力の放射があることは、どんなきき手にも疑う余地はないまでに示されている。

こうかいたからといって、私は、フルトヴェングラーがベートーヴェンの交響曲を標題楽的にとらえているといっているのではない。そうではなくて、フルトヴェングラーが指揮すると、ベートーヴェンがこれらの音楽の中に封じこめていた観念と情念が生きかえってくるのがきこえるのである。それを言葉に直すのは、きき手である私たちの仕事であって、ベートーヴェンの役ではない。私は、だからまったくちがったやり方で——つまりは、私がこれまでずっとやってきたように、もっと即物的に、フルトヴェングラーのテンポが総じていかにおそく、しかしまたはやい時はびっくりするほどはやく、しかもいずれにせよ、同じ楽章の中でさかんにはやくなったり、おそくなったり変化する云々《うんぬん》と具体的な例を示しながら記述するのでなくて——こう書いているのは、これがフルトヴェングラーをきく唯一のやり方だと考えているからではない。しかし、ベートーヴェンを、ヴァーグナーを、フルトヴェングラーの指揮できいて、こんなふうでなくきくのは、私には容易なことではない。というのも、私は、重ねていうけれども、フルトヴェングラーを数回実際にきいたというのは、実は私にはそういうきき方を彼から教わったということなのだ。

ところで、同じ『第九』のベートーヴェンが、また、第三楽章では、ずいぶん変ってきこえる。私には、この曲の中で、この楽章が、さっきいった高度に精神的でしかも強い官能性をもった音楽の魅力という点で、フルトヴェングラーの一般的な精緻の枠にいちばんうまくはまっているように思われる。と同時に、他面、ここほど一枚ヴェールでへだてられた向う側の出来事のような間接性というか、夢幻性というか、そういう定かでないものとしてきこえてくる音楽は、ほかにないのである。こうしてきいていると、どうしても、「ベートーヴェンは、ここで、夢をみているのだ。そうして、終りのあの金管の響きは、現実の世界からの呼びかけ、召集である」と言いたくなるのである。「何という月並み、紋切り型」と言われるかもしれないが、私としては、こういうきき方をするのは、始終ではないのだ。もう一筆かきそえれば、私には、彼のこの楽章の演奏は、バイロイトで実演をきいた時も、いちばんピンとこなかったのである。

精神的な演奏といえばフルトヴェングラーがベートーヴェンを扱って、その方向への傾きを最も截然《せつぜん》とみせているのは、メニューインを独奏者に迎えて『ヴァイオリン協奏曲』を指揮した時である。この演奏は、単に目立っておそいテンポでひかれているというだけでなく、全曲を通じて、いやがうえにも澄みきった音色をきかせるメニューインに合わせて、フィルハーモニア管弦楽団を指揮するフルトヴェングラーも、まるで重苦しい足音は絶対に立てまいと決意したかのように――『第五』の場合とは正反対に――、まるで雲の上でもゆくように、そっと歩いている。こういう演奏は、フルトヴェングラーには極度にまれなのではなかろうか。特にここのメニューインには、何かの宗教の教祖とでもいったものが放射されている。

これと好対照なのが、エトヴィン・フィッシャーと共演した『第五ピアノ協奏曲』

である（フィルハーモニア管弦楽団）。もう大分前のことであるが、必要があって、『第五ピアノ協奏曲』のレコードを選ぼうとしてあれこれときき漁ったが、どれにもどこか不満が残り、閉口したことがあった。その時、私は、このレコードは知らなかった。しかし、今度フルトヴェングラーを改めて考えてみるについて、いろいろレコードをきいているうちに、これにぶつかった。これは、まさに、私が、これまでさんざんきいてきたベートーヴェンの『第五ピアノ協奏曲』の中でも、最良の一つである。私に、もう一つ羞恥心が欠けていたら、私は、「これこそまさに、あらゆる『第五ピアノ協奏曲』のレコードの中の《皇帝》である！」とでもかいただろう。そうはかくことを私がしないのは、演奏にものたりないものがあるからではなくて、そんな言い方が嫌いだからにすぎない。

エトヴィン・フィッシャー！　人びとは、彼こそはピアノの大家中の真の《音楽家》であったと言う。きっとそうにちがいない。私は、彼をあまりにも晩年にききすぎた。そうして、晩年ということも、ピアニストと指揮者では、意味がちがいすぎる。指揮者は何のかのといっても、自分で音を出さない。これに対して、ピアニスト、ヴァイオリニスト、歌手、その他の演奏家たちのうえには、肉体の条件がはるかに大きくのしかかっている。どんな大家だって、あまり年をとってしまうと、《音》から脂っ気がぬけてしまう。それでも、この人が稀代の音楽家だった所以の多少は、私も、パリで、ザルツブルクで、経験したのである。

だが、このレコードでのフィッシャーの見事なこと！　忌憚なく言って、フィッシャーは、ここでも、けっして、ハイ・フィデリティ向けの万全のメカニックをそなえた名手ではない。この協奏曲の初めの、あの変ホ長調の主和音を重ねたカデンツァが、すでにもう、一つひとつの音が、南海の魚たちのように手にとるように透かしてみえてくるというのとはずいぶんちがう。しかし、リズムといい、アクセントといい、そうしてダイナミックといい、フレーズ全体できくと、一点の非のうちどころがない出来栄えなのである。というのは、ここでも、メカニックな正確さでいうのではない。音の中に生きて躍動しているものの力の生き生きした働きからいうのである。といって、また、ごまかして、いわゆる感じでひいているというのでは、絶対にないのである。

これが、音楽というものなのだ。そういう大家で、この人はあった。ちょうど、フルトヴェングラーの指揮がまた、メカニックな正確さという点からみたら、欠点の多いものであるにもかかわらず、大家の音楽をつくりだす道であったのと、同じように。それに、この二人に共通な点は、その音楽がのびのびと自由なこと、近年の流行語を使えば、即興性の躍動にとんでいることである。

　ただフィッシャーの音楽は、フルトヴェングラーのような濃厚な官能的な雰囲気のまといついた精神性といったものではなかった。いや、総じて、フィッシャーには、フルトヴェングラーのような二律背反的な共存にみられる、逆説的な偉大さはなかった。それは、メニューインの音楽に比べれば、ずっと人間臭いものであり、無理強いされたようなものはまったくなく、その点では、フルトヴェングラーのほうが、より神経質なところの多い音楽家といわなければならない。それにまた、フルトヴェングラーの双肩には、フィッシャーにない重い荷物があったことも忘れてはいけないだろう。

　フルトヴェングラーとフィッシャーの組合せのレコードでは、実況録音のほうでも、ブラームスの『ピアノ協奏曲第二番』のそれがある。これも貴重な遺産である。

　フルトヴェングラーをはじめてパリできいた時、そのプログラムにブラームスの『交響曲第三番』が含まれていた。これがまた、私にはおもしろかった。

　その一つは、ブラームスのオーケストラ曲の響きというものを、ここではじめて納得した点にある。それは室内楽と管弦楽の混ざりあったようなもので、同じ時代に生きながらも、ブラームスはヴァーグナーとちがって、金管の使い方などが古風で、それだけに、木管が非常に重視されていた。それは誰しも知っている。だが、その木管の音色が、ブラームスではずいぶん地味な、艶消しをしたようなものであることには、必ずしも誰もが気がついているわけではない。それというのも、そういうことは、スコアに書きこめないものであって、もっぱらブラームスの生前から彼の音楽を演奏してきた中欧の管弦楽団、ヴィーンとかプラハとか、あるいはドレスデンとかいった各地のオーケストラの伝統となって残っているもの、それをきいて、逆に判断するほかないのである。もう一つ言いくわえれば、これは何もブラームスをひく時に、必ずそういう音色でなければならないというのでもない。もっと派手な色でひいてはいけないということはない。現にアメリカの交響楽団やパリのそれは、そうやっている。

だが、アメリカの交響楽団で何度もきいてきたその耳で、ヨーロッパに来て、ベルリン・フィルハーモニーの演奏で、ブラームスをきいた時、私は、本当に「そうか、これがブラームスの音色なのか」と思ったのは事実である。実にしっとりした、くすんだ、よい音だった。

ブラームスの『第三』というのは奇妙な音楽で、各楽章がピアノで終る。ことに第二楽章のアンダンテ、さらには全曲の結びである第四楽章アレグロは、ピアノのソット・ヴォーチェ、ヘ短調ではじまり、コーダに入って、ヘ長調になりはするが、それでも普通こういう音楽につきものの、特にモーツァルト、ベートーヴェン以来の伝統にしたがって短調ではじまって長調で結ばれる時には、明るく力強く終るといった形になるのとは逆に、長調になっても、ウン・ポコ・ソステヌートであり、テンポはおそくなり、フォルテがないわけではないが、しかし、ダイナミックの流れはもっぱらディミヌエンドを指向し、センプレ・ピアニッシモから、さらにディミヌエンドを重ねた末に、最後は、ポツンと糸が切れたように、弦のピッツィカートで終結するのである。

フルトヴェングラーの手にかかると、そういう音楽のもって行き方が絶妙の表現となるのだった。ブラームスの四曲の交響曲の中でも、『第三交響曲』は、最もまれにしか演奏されないものだし、私も、ほかの三曲にくらべて、実演できいた回数は、これがいちばん少ないだろう。しかし、それだけにまた、大指揮者名指揮者といわれるほどの人の手になる演奏できいた時は、当然忘れにくく、ほかの演奏と混同しにくくなる。それでも、私は、この時のフルトヴェングラーの演奏ほど、感心したことはない。ディミヌエンドとかピアノとか、それに休止がすごく、生きてくるのである。

いったいに、フルトヴェングラーのブラームスはすばらしかった。レコードでは、いずれ四曲ともみなあるのだろうが、その中では、私は『第四交響曲』をきいたことがある。これも、戦時下の実況録音だが、実によい。それにブラームスになると、フルトヴェングラーのあの頻々《ひんぴん》とテンポを変化さす態度も作品の様式自体と少しも矛盾せず、むしろ、それこそが作品の生命を忠実に生かす道に通じる。ブラームス自身が指揮した時も、こうであったにちがいないのだ。しかしまた、テンポが問題のすべてでもない。ブラームスには、表面のあの謹直そうな容貌のかげに秘められた、濃厚な官能的なものへの憧れがある。これが、真面目人間の指揮とフルトヴェングラーの指揮とでは、すごくちがって出てくるのである。

3

周知のように、ブラームスは『ハイドンの主題による変奏曲』をかきのこした。これは、単にブラームス一代の傑作の一つだというだけでなく、およそ何百曲かに上る古今の管弦楽曲の名作を洗いざらい数え上げる場合でも、管弦楽の変奏曲という題目では、抜きにして考えることのできないものである。それに、指揮者の力量をはかるのと同じように、管弦楽団の力を知るうえにも、この曲は最適の作品となっている。

いつぞや、外国にいたおり、ラジオをきいていたところ、たまたま、いろいろな指揮者と管弦楽団が演奏したレコードで、この曲をきかせるというプログラムにぶつかった。ヴァルターだとかトスカニーニだとか、カラヤン、フルトヴェングラー等々の名指揮者がつぎつぎと登場してきて、なつかしくもあれば楽しくもあったが、その中で、演奏の水際立ってうまいのは、ジョージ・セルの指揮、クリーヴランド管弦楽団の演奏によるものだった。これはもう数ある名門オーケストラの演奏にくらべても、一段とまた高水準の出来栄えであった。この原稿をかくに当って、それを思い出して手元にレコードのあるものをもう一度ききくらべてみた。

アンダンテの主題が、オーボエとファゴットで提示され、それを低弦とコントラファゴットが支え、そこにさらにホルンが加わる。この主題の前半は五小節プラス五小節という変則的な構造なのだが、ブラームスはホルンを二小節やらしては、一小節休むという形で、その五小節という変形をさらにおもしろくいろどっているのである。そういう感じが、セルの棒だと実によく出てくる。そのうえに、それこそ一分の隙もない完璧な合奏のおかげで、最初からひきしまった実によい響きがする。誇張していえば、この最初の五小節をきいただけでも、耳が洗いきよめられたような気がするほどの名演である。あとも、ずっと、その調子。

これほど、欠陥のない演奏は、ほかになかった。

これにくらべると、ヴァルターのそれは柔らかくよく歌う。それに、かつて私が指摘したようにヴァルターはほかのどんな人よりもバスを強調する――というか、よく響かせる癖をもっていたので、それが、この曲ではとても主要な働きをする。というのも、この曲の最初の変奏は、高いほうの弦、つまり第一、第二ヴァイオリンと低い弦、つまりチェロ（それにファゴットが重なる）とがカノンになっているのだが、それは、必ずしも、どんな時も、ちゃんとわかるようにひかれているとは限らない。だが、ヴァルターだとそれがよくわかる。それから、これはもう誰も知っていることだが、この曲の最後は、同じ作曲家の『第四交響曲』の終楽章と同じように、パッサカリアというか、低音部に出た主題が何回も反復され、そのうえに新しいふしが重ねられるという作り方がなされている。その主題たるべき低音の動きは、ヴァルターだと、それまでも、いつもよく出ていたので――しかも、けっして耳ざわりになるような押しつけがましさをもってではない！――、ごく自然に、パッサカリアとしてきき手にうけとめられるのである。

　ところでこの終曲の急所は、パッサカリアであるのと、もう一つは、終りに当って、その低音主題に、最初の変奏主題がのっかって出現してくる。これを、できるだけ自然に、しかもまた、堂々たるコラールの行進というか、いわば勝利の凱旋としての威容をもって再登場させて、全曲を結ぶという形にする。この力強さと自然さとそれが一つになっていなければならないのだろう。

ところが、どういうわけか、私には、大家といわれるほどの人たちの指揮できいてみても、いつも、それがうまくいっているとはきこえないのである。ときどき、もしかしたら、これは作曲に問題があるのかしらと思ったりもしてしまうくらいである。だが、セル＝クリーヴランド管弦楽団の組合せでは、そういうところもすごくよくいっている。要するに、純粋に音楽的にいったら、これが最高の出来栄えのレコードである。

ところで、フルトヴェングラーのレコードに話をもどすと――私の知っているのは、ベルリン・フィルハーモニーとやった戦時中の盤であるが――、とてもセルたちのような合奏の完璧度に達していない。それに、ヴァルター盤についてふれたように、第一変奏のカノンがよくわかるというのでもない。これはスタジオ録音でないのだからその点でのハンディキャップということも勘定に入れなければならないのだろうが、ここだけでなく、第三変奏の後半のヴィオラやチェロで挿入されてくる十六分音符の新しい音型も、この盤では、どうもはっきり出てこないのも、おもしろくない。「もっとしっかり肉声をきかせるようにひいてくれ」と注文を出したくなるところである。

第三には、第四変奏のアンダンテ・コン・モートがやたらとおそく、まるでアダージョか何かのようにきこえ、それとは逆につぎの変奏の八分の六拍子のヴィヴァーチェが、これはまたずいぶんはやいのにびっくりさせられる。ただしこれは、私は実は欠点と思っているわけではない。むしろ、フルトヴェングラーをききなれた人ならば、みんな知っているところの、彼のテンポのとり方の癖として、なつかしく思うのである。それにまた、このおそすぎるアンダンテ・コン・モートとびっくりするほどはやいヴィヴァーチェとで一対をつくることは、ちょうど、力強いフォルテとかすかなピアノの間の強烈な対照同様、フルトヴェングラーの音楽の最大の特徴の一つであって、それをぬきにしては彼は考えられないのである。

そうして、〈第四〉に、例の終曲のパッサカリアが、少なくともこの盤の演奏では、もうひとつうまくいっていない。主題の再現が唐突というのでもないが、何か堂々と、まさに出現すべくして出現してきたという感銘を与えるところまでいっていないうえに、せっかく出てきたのに、妙に尻切れとんぼとなって終ってしまう。

要するに、最後の、そうして最高のクライマックスであるべきはずのものが、不発に終っているのである。

だが、以上のすべてを補ってもあまりあるようなものは、先の〈第四〉〈第五〉の一対についで、第六変奏のヴィヴァーチェと対をなす第七変奏のグラツィオーソの演

譜例1

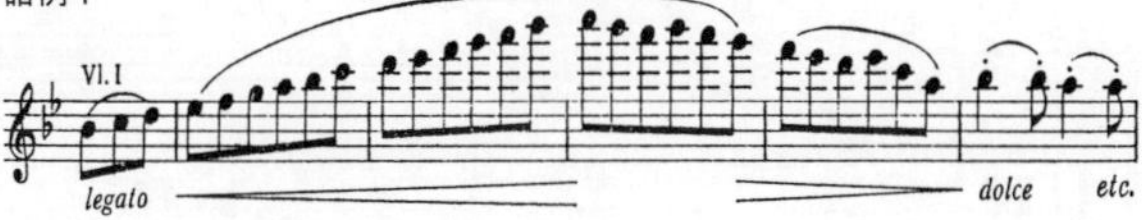

奏である。これはシチリアーノのリズムによる八分の六拍子の音楽なのだが、その後半に入って間もなく、第一、第二ヴァイオリンがオクターヴの間隔をおいたユニゾンで、変ロ音（b）からはじまって、実に二オクターヴ上昇してゆき、それから一つ上のハ音（c'''）に上ってから、また順次おりてくるという箇所が出てくる。何のことはない、ごく簡単な対旋律にすぎない（譜例1）。

　だが、この彼の演奏を一度でもきいて、しかも、それを忘れることのできる人がいたとすれば、その人はもう、よほど、どうかしているといわなければならないだろう。ただの音階の上昇と下降でありながら、こんなに燃えるようなものをもって上下する動きはあるものではない。しかもそれがあくまでもグラツィオーソのシチリアーノの枠で前後左右をとりかこまれた中で生起するのである。きらきらと輝きながら燃え上がり、そうして力つきておりてくる一条の音の光！　この中には、ロマンティック音楽のすべてがある。しかも、これはあくまでもブラームスなのだ。

　私は、この項の最初で、フルトヴェングラーの指揮する『トリスタ

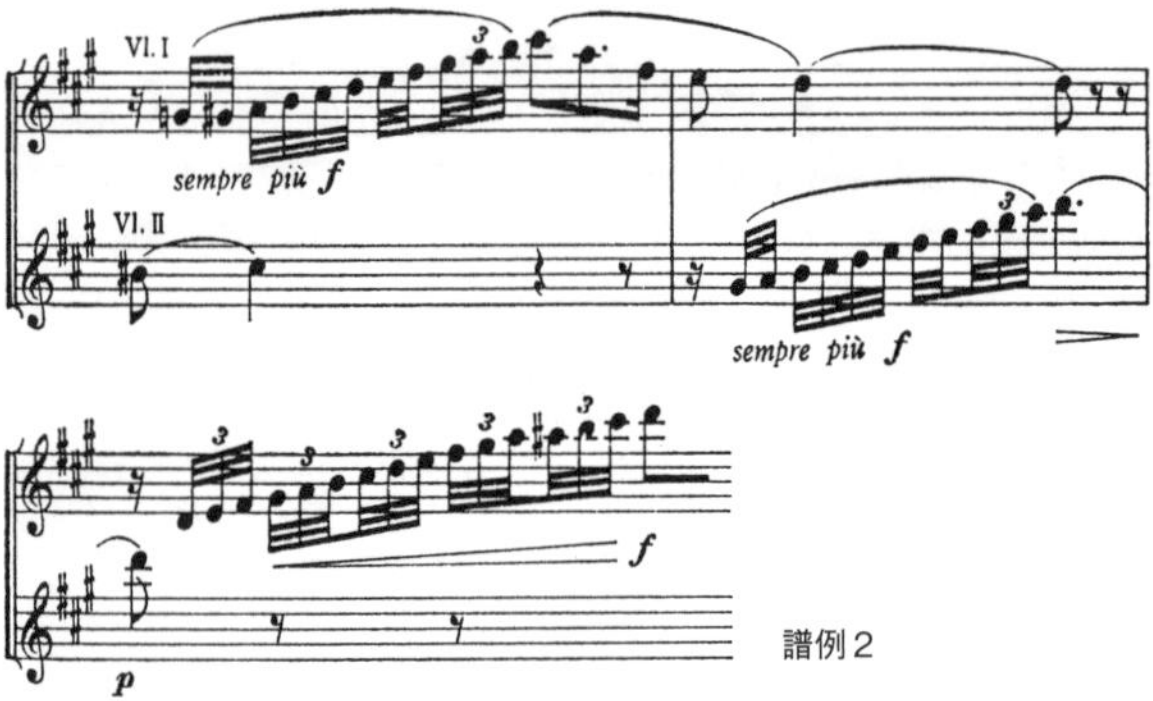

譜例２

ンとイゾルデ』の前奏曲での音階についてふれた（譜例２）。

これも同じ音階であり、同じ八分の六拍子であるが、音楽はまるでちがう。はるかに神経質であり、同時にはるかに洗練されている。ヴァーグナーとブラームスの違いである。

だが、また、ここには、同じものが底流している。憧れの芸術としての音楽の本質を、これ以上ない形で、直截に体現したものとして。

これが、ほかのすべての点で、どんな大指揮者たちのそれを凌駕しているといってもよいほどのすばらしい演奏をきかせているジョージ・セルにないものである。なぜか、私は知らない。

そうして、これが、ほかのどんな大指揮者の名演をきいたあとでも、ただ、フルトヴェングラーの指揮でだけ経験できたものとして残るところの

「何ものか」である。

私がさっきから「極度に官能的で、しかも高度に精神的なものを一つにあわせもったフルトヴェングラーの音楽」という言い方で、言おうとしているものの典型がここにある。

4

フルトヴェングラーの『トリスタンとイゾルデ』はレコード化されたのに、『ドン・ジョヴァンニ』がその機会をもたずに終ってしまったらしいのは残念なことである。ただし、これは映画にとってあったので、日本でも、何度かくり返し上映された。私は見ていないが……。

その映画は、たしか一九五四年のザルツブルクの音楽祭の時のを、そのままとったものだときいた。それならば、ちょうど私が行った時のものに相違ない。シュヴァルツコップフ、グリュンマーの両ソプラノに、チェザーレ・シエピのタイトル・ロール、レポレッロはオットー・エーデルマンといった顔ぶれで、今は押しも押されもしないレポレッロ役であるワルター・ベリーはあのころはまだマゼットを歌っていたものだ。それにオッターヴィオがアントン・デルモタ、ツェルリーナがエルナ・ベルガーといったところ。『ドン・ジョヴァンニ』は、おそらく、フルトヴェングラーが指揮するモーツァルトのオペラの最上のものだったろう。『フィガロの結婚』や『コジ・ファン・トゥッテ』をやってもすばらしかったに相違ないが、しかし、今日の好みからすれば少しロマンティックすぎはしなかったろうか。では『魔笛』はどうか？　私には、これもどこかでくいちがったろうという気がする。フルトヴェングラーにはモーツァルトのあの金色のメルヘンの無垢といったものがない。彼は、やはり『トリスタン』の国の住民だ。

それだけに、『ドン・ジョヴァンニ』は、彼に最も向いていた。どだい、E・T・A・ホフマンをはじめ、十九世紀初頭のロマン主義者たちが、モーツァルトを「発見した」のはデモーニッシュな魅惑にみちた『ドン・ジョヴァンニ』の天才的作曲家としてだったのだから。キルケゴールにしても、そうである。

だが、私は告白しなければならない。せっかくフルトヴェングラーのその『ドン・ジョヴァンニ』にふれるという千載一遇の機会を与えられながら、そうしてまた、私は感激したのもはっきり覚えているのだが、さて、その演奏の具体的なこととなると、どうもはっきり想い出せないのである。当時はまだフェストシュピールハウスができる前で、舞台の背後が岩壁でできていたフェルゼンライトシューレの大ホールで上演されたわけだが、その岩壁を巧みにつかって、大詰めの場で、真黒な闇の中を、上段から中段にいたるまで、一面に、修道僧の黒衣に身をかためた合唱団が、手に手に蠟燭をもって動いていた姿が、いまだに、目に浮ぶ。そのほか、局部的には、あれこれを思い出しはする。ときに、エルヴィーラの部屋の窓の下で、ドン・ジョヴァンニがセレナードを歌ったあと、ひと息してから、ヴェールを冠ったエルヴィーラが、あたりをうかがいながらそっと出て来た時の、その妖《あや》しいまでのなまめかしく、悩ましげな風情。

だが、音楽では、序曲が、何だか、とてもよかったような気がするのだが、それが、はっきり音になって記憶に蘇ってこないのである。口惜しい限りである。こんなところ、私はまだ、だめである。特にオペラのきき手としては落第だ。

ただし、同じところで接したヴェーバーの『魔弾の射手』のほうなら、序曲や、そのあとのいろいろなシーンの音楽を、まだよく覚えている。ことに、まだ昨日きいたみたいにはっきり想い出すのは、例の〈花冠の歌〉と、それからグリュンマーの歌ったアガーテのあの長大なレチタティーヴォとアリアである。一体に終始おそめのテンポがとられていた中でも、前者の〈花冠の歌〉は、単におそいだけでなく、全体としてピアノから、ピアニッシモの間ぐらいの声しか出させない。それ自体で、すでに、もう想い出のようなヴェールのかかった夢想的な演奏だった。あんなにきれいな〈花冠の歌〉は以来二度ときいたことがない。それに〈狩人の合唱〉だとか、この〈花冠の歌〉だとか、ひいては『魔弾の射手』の全体が、ドイツ人にとっては、子供のときから耳にたこのできるほど、きかされ、唱《うた》わされてきたものが多いのだろうから、今さら、それを舞台の上でやられても、よほどセンチメンタルな人間でない限り、やりきれない思いがするものらしい。これは日本などで、『魔弾の射手』などというと、ただ本でだけ読んできたために、かえって好奇心と憧れの対象となり、ドイツ人は本当にこういうものが好きなのだろうと想像するのと、ちょうど逆の事情がはたらく。私たちの身近かの例でいえば、外国人が日本人をみると、なつかしがるだろうと考えて、富士山や何かのことを話しかけるようなものである。フジヤマ何とかの話をされると、日本人はむしろ閉口してしまう。

それに、私がこれをザルツブルクできいたのは、戦後まだ十年とは経っていなかったころである。アメリカを筆頭とする連合国側が、ドイツ人の戦争責任問題でドイツ・ロマン主義とか表現主義の思潮が、そもそも、その禍根だと論じていた日から、まだいくらもたっていない時だったのである。

戦争責任といえば、このころのフルトヴェングラー自身にとっても、戦犯として一時活動を停止させられ、スイスで空《むな》しく日を送っていた日も、まだそう遠い過去のことではなかったのである。このことについては、最近の日本では、フルトヴェングラーについてというと、誰も、彼も、そのことに一筆ふれるといった傾向がみえているから、私は、むしろ、ここではふれない。私の考えは、すでに、いくつかかいてきたし（『吉田秀和全集』第五巻所収の「フルトヴェングラーのケース」参照）、なかでも、丸山眞男氏と対談した時に、ほとんど言いつくした（これはみすず書房刊『現代の逆説』に入っている）。

5

フルトヴェングラーのレパートリーとしては、このほか少なくとも、ブルックナー、シューベルト、シューマン、チャイコフスキー、R・シュトラウス、ヒンデミットにふれなければなるまい。しかし、そのうち、ブルックナーでは『第八交響曲』、シューベルトでは『ハ長調の大交響曲』、この二つは、彼の遺産の中でも最も重要なものに数えられるべきものだが、それらについては、すでに別にかいた。私としては、改めてかきそえることもない。

シューマンでは、いうまでもなく、『第四交響曲』と『マンフレッド』序曲が最も重要だが、後者は、レコードがあるのかどうか、私は知らない。『第四』については、フルトヴェングラーは、この不当に無視されてきた、独自の名作の復活に大いに力のあったといわれるべき人だろう。ここですばらしいのは、楽章から楽章へと休みなく続く交響曲の中で、その変化と推移に必然性を与え、しかもその底に一貫して持続する流れを常にきくものに気づかせている点である。これは、本当に巨匠と呼ばれるにふさわしい力業である。

R・シュトラウスについては、これも天下周知のことであるから、私は別にここでつけ加えられそうもない。私が実演できいたのは『ドン・ファン』であるが、フルトヴェングラーのレコードでは、『死と変容』が記念碑的な名演ではなかっただろうか？　ここには、文字通り、鬼気迫るものがある。というのも、フルトヴェングラーは、カタストローフ（大破局）の表現にかけての内的な感覚をほかに匹敵するもののないような高さで所有していたからである。

この人は個人的な経歴としてではなくて、芸術家としての天才のうえで、《悲劇》の音楽家であった。ここが、たとえば、同じくヴァーグナーとブルックナーの大指揮者であったクナッパーツブッシュと、フルトヴェングラーとの違いだろう。クナッパーツブッシュは、もっと逞しく大地の子であり、おそらく信仰の人であって、こういうカタストローフに対する不可避の予感とでもいったものはなかった。少なくとも、私にはそう思えてならない。もしかしたら、クナッパーツブッシュはカトリック教徒だったのだろうか？　ところが、北ドイツ系のフルトヴェングラーはプロテスタントであり、文化の人間であり、ヒューマニズムへの不抜の信念はあったかもしれないが、同時に、それが音を立てて瓦解《がかい》する日の予感とも無縁ではなかったとおぼしいところがある。少なくとも、彼は自分の信念に安住してはいなかった。それは彼の残した数々の本や論文にも出ている。そうして、こんなふうに言うと、われながら、大げさすぎて滑稽に思えてくるのだが、しかし、やはり彼の指揮する『死と変容』であるとか、『神々のたそがれ』であるとかに接すると、そこには、ほかの人とまったくちがう《悲劇の感覚》というものが潜んでいるのを、ききのがすわけにいかないのである。

だからこそ、また、ヒューマニズムが残した音楽史上最大の記念碑的作品であるベートーヴェンの『第九』をはじめとする交響曲のすべてが、フルトヴェングラーの下で、このうえなく、壮絶でしかも崇高に響くのだ。私は、やたら悲愴がったベートーヴェンの演奏には、やりきれない思いをするのが普通だが、フルトヴェングラーの指揮したものには、悲劇的ではあっても、澄みきった冬空を見るような厳しい壮大さに到達した時があった点、ほかの誰ともちがうと考えている。

フルトヴェングラーの至芸

芸術では——音楽も、もちろん、その一つだが——何を語るか（表現するか）ということと、どう語るかということとは、複雑で微妙な形でいりくみ、からみあっている。だから、両者を切り離して論じようと思ったら、極度に慎重な手つきで行わなければならないし、どうやってみようと、非常にむずかしいことにかわりはない。この二つは、元来は一体であるものを、別々の——時には正反対の——面から、眺めた場合に見えてくるものだといってもよいのかもしれない。

それにもかかわらず、究極的にみると、この二つは、やっぱりわけて考えることができるはずなのだ。いま言った比喩をつづければ、一つの人間の頭であるものが、正面からみた場合と、うしろからみた時とでは、単にちがってみえるだけでなく、顔と後頭部という二つの別々のものだといってもよいように。

以上が正しいとすれば、フルトヴェングラーという人の指揮は、もっぱらそれを通じて「何を発言するか」に専心した指揮をした音楽家だったといえよう。私がこういうのは、世の中には、それとは逆に、「何を言うか」は作品の仕事に属する領域であり、指揮者――つまり演奏家は、それを「いかにして音にするか」につとめるべきだと信じているかのような態度で、指揮をしている人が多いからである。というより、私の実際にその指揮に接した二十世紀の指揮者たちについていえば、その大半は、この後者のタイプの人たちだった。そうして、現在も、それに変わりない。

それは、今と昔、十九世紀型と二十世紀型という具合にわけて考えるべきものでもないらしい。私は、フルトヴェングラー出現以前の代表的人物アルトゥール・ニキッシュの指揮ぶりに接したことのある人にも何人か会って話をきいたことがあるけれど、その人たちの口から出たものを要約し、まとめてみれば、ニキッシュの指揮は、いわば天才的軽快と優雅とでもいうか、当面の対象である作品を前に、あまり細部に拘泥せず、楽々と自然に音楽が流れてゆくように努めるのが主たる目的で、一つ一つの作品がきき手に対し、どんな感動を与え、どんなメッセージを伝達するかは、作品にまかせるといったタイプだったらしい。

それは、フルトヴェングラーに至って、一変する。彼が、作品から発せられるメッセージを自己流にねじまげたというのではない。しかし彼は、楽譜の中に封じこめられた生命を解放し、全的に実現しようと目ざす。いわば、彼は、作品の語ってきかせる王国を、音を通じて、私たちの前に、目に見えるものとして、築きあげて見せようとした。

彼の目から見た時、「作品の発言」「作品の語る王国」とはどんなものか。フルトヴェングラーは、それを、かなりの量に上る論文の形で、講演を通じて、手紙の中で、いろいろに言葉にしようと努力していた。それらのものは、幸い、私たちの手もとに残されているから読もうと思えば、いつでも読むことができる。

しかし、彼が、それを最も決定的な形でやったのは、いうまでもなく、演奏を通じてである。

そこから、私たちは、何をきいたか？　何をききとることができるか？

私見によれば、それはベートーヴェンの交響曲の中に、最も高い形で実現している一つの世界像である。そうして、ベートーヴェンの交響曲とは、人間精神のディグニティ――精神の品位というか尊厳というか――の美の表現としての音楽作品を意味する。そうして、このベートーヴェンという音楽の太陽をめぐって、シューベルト、シューマン、ブラームスとか、ブルックナー、ワーグナーとか、そのほかのすぐれた交響曲作家としての音楽の天才たちが集まって、一つの輝かしい星座をなしている音楽の世界が存在している。バッハ、ヘンデル、モーツァルト、ハイドンでさえ、それぞれに内在する固有の価値を否定することはなかったにせよ、結局は、ベートーヴェンとの比較、あるいはそこからの隔たりによる独自性といった観点から観測されるものになっているのではなかろうか（彼が、ベートーヴェンに帰着もしなければ、そこから発足したわけでもない、全く別の体系の星として全面的に認めたのは、ショパンただひとりだった）。

私は、ニキッシュをきいたことがない。だが、フルトヴェングラーが登場した時、ベルリンやウィーンの聴衆は、そこにくりひろげられる音楽から、前任の天才指揮者からかつて感じたことのない、精神の高さの手ごたえが放射されてくることを経験したにちがいない。その音楽の輝きの光度の強烈さ、それとは逆に、そこに含まれる闇の深さ……。

フルトヴェングラーの素晴らしさは、それから半世紀近くもあと、やっと私たちが彼を経験できるようになった時でも、まだ、そこから、眩いばかりに強烈な精神の輝きにふれたり、深い闇の気配に包まれゾッとする、といった経験を与えるような活動を一貫して持続できた点にもあろう。戦後はじめて彼をきくことのできた、何千という聴衆、いや、恐らく何万にも上る数の聴衆が、それを証言できるはずだし、私はその中の小さな一粒にすぎない。

私は一九五四年、パリでまず、彼をはじめて体験した。彼は、長年文字通り生死を共にした同志ベルリン・フィルハーモニー管弦楽団を率いて、パリに客演に来たのだった。私は、そこでベートーヴェン、シューベルト、ブラームス、R・シュトラウス等々をきいたのだったが、先年も改めて、その時の実況レコードをきき直しているうちに、ブラームスの第四交響曲で、あの三度の音程の連続でつくられた主題が、まず、ピアニシモで、そっと人目につかないよう最初の音を印してから、そのまま柔らかな足どりで、ゆっくりと天上から大地に向かって降りてくるようなテンポと表情に、心をゆり動かされずにいられなくなった。フルトヴェングラーのこの開始をきいただけで、私たちは、ブラームスが最後の交響曲の中に、どんなに深い憧れをこめて作曲したかを、はっきり知るのである。こういうことを、他のどんな指揮者で、経験したろうか？　シュトラウスの《ドン・ファン》の終わり、この奇代の情事の冒険家の生命が次第に弱まり、消えてゆく蠟燭の火のようにだんだん暗く、心細くなってゆく時、ききながら、思わず身ぶるいが出たこと。これも私はありありと思い出す。三十年も前のことなのに！

私は、またザルツブルクの音楽祭でも、彼の棒で、《ドン・ジョヴァンニ》と《魔弾の射手》をきいた。

しかし、私が彼から受けた最も深刻な感銘は――これも前に書いたことだが――バイロイトできいたベートーヴェンの第九交響曲の演奏から来たものである。

あれはすごかった。その前、その後、私も第九を何回、何十回きいたか知れないが、あの時以上の第九は、ついに、きいたことがない。フルトヴェングラーにとって第九はあらゆる交響音楽の王者、至高究極の作品だったように、私にも、あの第九は、あらゆる管弦楽演奏会の経験の王者だった。

これも前に書いたことがあるが、フルトヴェングラーの至芸――目標ではなくて！　技術のことである――は、主要な楽想同士の間をつなぐ推移の部分の、微妙で、自然で、しかも充実した進め方にある。それが、この第九では最高の形できかれる。もっと技術的分析的にいえば一つの主要楽想をしめくくったあとで、つぎの楽想に到達する間の推移で、テンポの漸増、漸減、それといつも組み合わさっている音量の増加と減少、音色の輝きと曇り、こういったものが完全に一体となりながら、音楽が進んでゆく。それは音楽の論理の展開であると同じくらい、表現それ自体の進展でもあるのだ。

第一楽章で、第一主題をまず出したあと、もう一度確保しながら、第二主題に達するまでの間、徐々に速めてゆく。そうして第二主題にうけ渡すと、その力は表面から姿を消し、かなりおそい安定した第二主題が顔を出す。あるいは展開部が終わりに近づくにつれ、クレッシェンドとアッチェレランドが組み合わされて、非常な圧力をもつ音の流れになって、再現部になだれこむところ。こういうことは、どんな人もやることだが、そのあと、再現部でのはじめから、第二主義の再現に至る間、三十八小節という長い道のりを、ずっとティンパニーが連打する上を、音楽がもり上がってゆくのは、誰でもが、こんなに成功しているわけではない。

第三楽章で、二番目の変奏主題のアンダンテが、第一主題のアダージョ・モルトに劣らないくらいおそく、時には両者が逆になっているのではないかという気がするくらいだ。特にアダージョの第一変奏で四分音符が、アンダンテ主題から来た四分音符より速く動いているみたいなのは、この人の特徴かと思うのだが、そうやってはじめている間に、変奏が進むにつれ、アンダンテの部分の方が、より滑らかに流動しているのがわかる。特に、第二変奏ともなると八分の十六という拍子のとり方も原因して、さらに流麗さを増す。と同時に、ここでは速くなっているのに、主題の時以来感じられた、その歩みの根本において悠々とした趣きが、いつまでも失われないのは、いつきいても不思議でならない。そうして、音の流れが六連符の連続であるのを、バスが、弱拍をあと打ちしながら支える（たとえば第一四七－一五〇小節）時、その弱拍でのアクセントの雄弁なこと。これも、フルトヴェングラーの独壇場といって悪ければ、少なくとも、私としては、こんなに目ざましい例をほかに知らないといっておかないわけにはいかない。アダージョの天上的歩みに対し、このアンダンテが、地上的な愛のシンボルだなどというのは、言葉にしてみると、ちょっと気恥ずかしいような表現でしかないが、前述のように、アダージョよりアンダンテの方がおそいみたいに出発しながら、終わってみると、アダージョはあまり動きがないのに、アンダンテにはあれこれのことが起こっていた――という印象を残す。こういうかねあいのおもしろさ、味わいの深さ。これもフルトヴェングラーなのである。

第四楽章の終楽章が、クライマックスであるのは、いうまでもないが、演奏も、ここは、最も深くて永続的感銘を残す。ことに、例の〈歓喜〉の主題が、はじめてオーケストラで導入され、次第にもり上がってゆく時の扱い。私が前いった、フルトヴェングラーに至って、ベートーヴェンの音楽は一層の深みと高さ、輝かしさを増して、聴衆の前に出現したということの、最も強烈で、誰にもわかりやすく、しかも微妙を極めた例がここにある。

きこえるかきこえないかの開始。それもゆっくりと入ってきた一つのふし。それが次第に光をまし、力をまし、クライマックスに向けて前進する。

これは、ベートーヴェンの音楽の最も基本的なパターンであって、この音楽をやる以上、誰だって、こうやらざるを得ない。それでいて、こんなに感銘の残る演奏をした人はいなかった。それは全体の構造において的確で明確に設計され、実施されているだけでなく、細部においても綿密を極めているからだ。たった一つの例をあげれば、この〈歓喜〉のモチーフが導入される前、荒々しいオケ全奏と、低音の弦のレチタティーヴォとのかけあいの扱い。最初や第二のレチタティーヴォが、いつも、終わりに向けてアッチェレランドするのに対し、そのあとの場合は、まず、オケの全奏の部分で、楽譜に書かれた休止の𝄐が特別たっぷりとられ、そのあとテンポ・プリモに戻る。そうして、最後に例のアダージョの主題がちょっと姿をみせるのだが、その時のこのモチーフの出し方の素晴らしさ！　これはいくら賛嘆してもしきれない。その優しさ、柔らかさ、まるで春の最初の花が雪の下からひょっこり顔を出したみたい。そうしておいて、このあと改めて、何や彼やがあり、例の〈歓喜〉の歌が入ってくる時は、文字通り神秘の闇と、そこから微光が誕生する光景を目の当たりにすることになるのである……。

私は、フルトヴェングラーの指揮できく第五や第三も素晴らしいと思う。ここでも、ほかの指揮者ではめったにきかれないものが、随所に出てくる。たった二つ、例をあげれば、第五のスケルツォが、トリオのあと再現するところ。一つ一つの音をゆっくり区切りながら、アクセントと表情を充分につけた演奏ぶりは、まるで一語一語に重要な想いと思考を托した話のようにきこえる。また第三の第三楽章、全体としておそ目のテンポなので、コーダでわずか速くしただけでも胸にこたえ、腹にひびくような迫力がある。こういうことは、彼の場合、はじめに書いたように、「どうやるか」という手段の問題であるよりも、「何を語るか」の内容そのものの要求から生まれ、内容そのものなのである。

それにしても、私は時々、彼の第三や第五があまりにおそすぎて、ついてゆくのがむずかしくなることもある。ところが第九では、いまだかつて、そういう経験をしたことがない。どういうわけか、いつか、そのことを考えてみたいと思っている。

未来を指さす音楽家、フルトヴェングラー

フルトヴェングラーは今世紀を代表する指揮者の一人という以上に、今世紀の音楽の歩みにとっても重大な意味をもつ大指揮者だった。彼の活躍していた時代は、一口にいって、ベートーヴェンが太陽のような中心的位置を占め、それをとりまいてシューベルト、シューマン、ワーグナー、ブラームス、ブルックナーといった天才たちが、そのまわりを遊星のように回転しながら、輝かしい音楽の太陽系の一つを形成するといった価値の体系に支配されていた時代であり、彼は、その価値の体系の正当性を証明しつづける巨大な大黒柱のような存在でもあった。

とはいえ、彼は、自分が支えているこの価値の秩序に対し、それに挑戦し、それを少しずつ揺がせ続ける力が生まれているという事実もよく自覚していた。当時は、彼の思想と並んで、音楽は音の遊びであり、音を数学的秩序で組み合わせたものこそ音

楽であるという美学が誕生し、次第に勢力を拡げつつあり、それに応じ、演奏とは、楽譜に書かれた通りを正確に音に実現するのが基本的な任務であり、それ以下でも、それ以上でもあるべきではないという考えが力を強めつつあった時代でもあった。

フルトヴェングラーは、その考え方を頭から否定したのではないが、そういうことの一切は、音楽についてのあまりに初歩的な経験にしか裏づけられていない思想だと思っていた。

彼にとっては、音楽は人間の精神の最も高貴で微妙な発動の場所であり、楽譜は、人間の知性と感性のすべての動きを正確に反映し刻印づけるにしては、あまりにも間接的なものでしかないという事実を忘れることができなかった。

だから、彼は自分が一方では時代を代表する存在だという自覚を充分もっていると同時に、その時代に生まれてきた新しい考え方に対立し、それが時代を支配するようにならないよう、その前に立ちふさがる役割を与えられていることも、はっきり心得ていた。

だが、こういったことは、彼の場合、はじめに考え方——つまりイデオロギーがあり、それに基づいて実践があったというのではなく、本当の芸術家の常で、まず自分の育った伝統と、自分の資質とに正直な感性の動きがあり、それが長い経験の間に思想にまで昇華したのだった。

そういう彼の指揮の特徴は、テンポにせよ、リズムにせよ、ダイナミックにせよ、旋律の歌わせ方にせよ、どれをとってみても、それだけで独立した単位としてではなく、みな、ほかのものと有機的につながり、総合的に働くものとしてとらえられながら、自由に流れてゆく点にあった。それが特に目ざましい成果を残したのは、性格のちがった楽節と楽節の間をつなぐ時のやり方であった。一つの楽想が終わり、つぎのそれが始まる間の経過の扱い——テンポの緩急やダイナミックの増減の仕方などには、驚くべき自由があり、しかも、全体を見事につなげるという点で、驚くべき独創性がみられた。それが彼のベートーヴェンを、がっちりした構造の枠をもちながら、硬直した無機的な感じを与えるものが皆無な演奏にし、彼のブラームスを、いたるところでルバートが顔を出し、しきりに歌とリズムの間で交代がありながら、全体として安定した構成に支えられた音楽にする原因となった。ベートーヴェンの第九、ブラームスの第四、シューベルトの第九といった交響曲で、彼が不滅の名演を残したのは、対象となった音楽の構造と彼の演奏の特性とが、ほかのやり方では達成されない素晴らしい調和に達したからだ。

フルトヴェングラーが一九五四年に死んだ時、時代の好尚は彼から離れ、逆の方向に流れてゆくかのようにみえた。しかし、そうなればなるほど、彼の演奏は数えきれないほどのレコードとなって、世界中の音楽好きの間に拡がっていった。それは、終わったかと思うと、またどこかで掘り直され、湧き出てくる魔法の泉のように見える。これは、時代の流れが変わったように見えれば見えるほど、かえってフルトヴェングラーの中に、本当の音楽の「力」と「魅力」を求めつづける公衆のいる事実の裏づけではないだろうか。

またブレンデル、バレンボイム、その他、今日の代表的音楽家の中にも、フルトヴェングラーの中に演奏の本質に関する啓示を汲みとろうとする人々が出て来たことを見逃せない。フルトヴェングラーは、過ぎ去った時代の巨匠ではなく、未来も指さしている音楽家と呼ばなければなるまい。

雑感　フルトヴェングラーのレコードから出発して

1

昨年の末、仕事の都合でフルトヴェングラーのレコードを、少しまとめてきいた。とてもおもしろかった。私は、時にふれ、レコードのことを書いてはきたものの、長い間にわたるレコード愛聴者とはとてもいえないような生活をしてきた人間だから、フルトヴェングラーのレコードでも、知らないものがたくさんある。むしろ、まとめてきこうと思って集めてみると、そのあまりに多いのにびっくりしてしまった、というのが出発点となるくらいだ。そうして、それらのレコードにのっている解説を読んで、その執筆者のくわしいのに感心しきれないほど、感心したというのが、いつわらざる気持であった。

だが、少しずつわかってきたことは、フルトヴェングラーのレコードは、どうやら、彼が死んでからも、ふえつづけていたこと。というより、その増加のテンポは、この巨匠の死後の方が、著しいということである。彼の演奏によって、音楽の醍醐味にふれたいという人、それほどでなくとも、彼の指揮を愛好する人が、いまだに、跡をたたないことの証拠の一つだろう。事実、私もその一人で、フルトヴェングラーを久しぶりにきいてみると、やっぱり彼はずばぬけて大きな存在だったと痛感しないわけにいかない。彼が入れたベートーヴェン、ブラームス、ブルックナー、ヴァーグナーなどは、いくら私でも前からきいていたが、今度新しくバッハの《マタイ受難曲》とかマーラーの《さすらう若人の歌》だとかをきいたのも、私には大きなよろこびだった。それで、彼が死んで、もう実演はもちろんのこと、新しく録音されるレコードによっても、このすばらしい演奏にふれることは不可能だと知った人々が、それでは彼がまだ生きていたころ演奏したもので、レコードになってないものは何か、どこにあるか、と探しだしたのは、当然の成行だろう。しかも、それが、今日私たちが直面しているごとき、新譜の未曾有の氾濫のさなかにみられるというのは、ただフルトヴェングラーに感心しているというだけでなく、みんなの心の中に、今日製作されているレコードでは満たされない何かがあるという意味も持つと考えてよかろう。今、きかれる演奏にあきたりないものがあるから、死んで、もう二十何年にもなるという人のレコードが、つぎつぎ掘りだされてきて、市場を賑わすのである。

それにしても、フルトヴェングラーはすでに死んで久しい以上、新しく出る彼のレコードは、かつてスタジオでつくられたが、何かの理由で発売されなかったものか、さもなければ、演奏はされたがレコードのためではなかったもの、つまり演奏会場なりラジオ放送なりの実況録音から改めてレコードにしたものかのどちらか、ということになる。

それに私がことあたらしく言うまでもないことだが、前から人々はフルトヴェングラーはスタジオでより、実演——つまり聴衆を目の前にした、演奏会やオペラ劇場での演奏のほうが、彼の本領をより完全に発揮した緊張度の高いものになったといってきた。私も、今度きいてみて、いつもそうというわけでもないけれど、そういえる場合が多いような印象をもった。とすれば、フルトヴェングラーの場合は、目下みられるような、実況録音盤の活発な発売は、むしろ理の当然といっていいことになる。

ただ、実況録音盤となると、レコードとして、「音のよくないもの」というより、現代のレコードの音質からいって、どうしてもきき劣りするのが多くなるのは、さけがたい。いや、これは彼の場合、スタジオでの録音をレコード化したものについてもいえるのであって、フルトヴェングラーの生存時のレコード製作の技術と、今日のそれとでは、その間に非常に大きなちがいがあるのだ。だから、今日、フルトヴェングラーのレコードをきくものは、その点では、どうしても、欲張ったことがいえなくなり、高望みははじめからだめだとあきらめてかからなければならないことになる。「この演奏で、もう少し音が良かったらなあ」というのは、フルトヴェングラーを慕う、あらゆるレコード・ファンの嘆きだろう。それでも、彼らは、フルトヴェングラーのレコードをきくことをやめない。いや、レコード会社は、いまだに、彼の演奏のあとを探しまわり、その音の記録をどこからかみつけ出してきてはレコードにして売りだすことをやめない。ということは、レコードでさえ、「音がよければ」「何よりも音が悪くては、問題にならない」という基準が崩れてしまっている一つの強力な証拠だというわけである。

もちろん私たちは、一方で、音のきれいな、あるいは非常にぜいたくなレコードが生産されつつあり、それを享受しているという現状を忘れてはいけない。「音の良いのがききたかったら、かくかくのレコードできけばよろしい。しかし、フルトヴェングラーのできくと、音楽の、もっと大切なものがきける」あるいは「別の楽しみ方ができる」という判断のうえに、今の私たちのレコードの楽しみは乗っかっているということになる。

考えようによれば、不幸なことだが、仕方がない。フルトヴェングラーの死んだのが早すぎたのだ。

早すぎた？　そうではなくて、音、音と追求している間に、フルトヴェングラーのような演奏が生れる基盤が崩れてしまっていたのではないか？——と、私たちは、一度、立ちどまって考えてみることはできないだろうか？　それともそんなことは、技術の進歩の何たるか、その実体に全く無知な人間の、むだな問いかけだろうか？

たしかに、音もよく、演奏もすばらしいものだって、ある以上、音をよくしようという望みと、それを実現さすための技術上の工夫が、演奏の「内容」の低下あるいは沈滞、衰退につながるというのは、正しい議論のすすめ方とはいえまい。

だが、その一方で、「なるほど音はきれいだが、つまらない演奏だ」というレコードの数がふえつつあるのも、事実ではなかろうか？　私とすれば、このごろは、どうもそういう演奏に頻りとぶつかる思いで、ひところに比べて、レコードをきく楽しみが薄れてきたというのが、正直なところなのである。音はきれい——贅沢といってよいほどなのに、演奏がつまらなくて、むなしい思いにかられることが、しだいに多くなってきた。何かしきりと芸当をしているようだが、空々しくって、やりきれないのである。

どうしてだろう？　年とともに、私の感受性が鈍り、新しいものにふれる喜びがうすれてきたというのだろうか？

2

以上の事情に加えて、このごろは、レコードといっても、同じ曲のそれがあまりにも多くなりすぎたのではなかろうか。ベートーヴェンの交響曲全集というのが、今、幾組あるか知らないが、それはもう何十年も前からの現象だとしても、そのベートーヴェンがブラームスに移り、大して人気があろうとも思われぬシューマンのそれさえ何組もある時期を経て、あっちでもこっちでも、マーラーが出だしたと思ううち、このごろは、この人も、あの人も、いずれはマーラーの交響曲全曲の録音を計画しているのです、という話がきかれるようになる。マーラーの全曲といえば、バーンスタインのセットできいていた時を思うと、まさに隔世の感である。

どういうことだろう？　これはただ、資本主義の原理とかいうものに従って、会社がある以上、何でも商品を作って売らなければならず、売るとなれば、古いものはあきられ、新しく作製する必要がある。公衆の好みが、ある音楽に集中している以上、会社としては、演奏家を変えて出すほかない、という理屈からくるのだろうか？

　それで思い出すのだが、今から二十年以上前のことになろう、あるレコード会社から、フルトヴェングラーのレコードをあらいざらい集めて、大全集を出す。ついては、一言何か書くようにといわれた。それはまだ、私が、レコードについてほとんど何も書かなかった時代である。私はことわった。それでも先方は、引き下がらない。私も頑張った。その私の論拠は、フルトヴェングラーという人は、同じ曲を演奏しても、そのたびにちがう演奏をするといわれた人である。私は、よくは知らないが。しかし、私がきいた限りでも、かなり即興的な要素が強く感じられたものだ。本質がすでにそうである人の演奏を、一度とったら永久に（？）変らないレコードにするというのは、それ自体、矛盾ではないか。「フルトヴェングラーとレコードとは、相容れない」、だから、そのレコードについて書くのは、嫌だ。これが、私の当時の言い分だった。そのフルトヴェングラーのレコードが、いまだに売れ、しかも、ラジオ放送とか何とかの実況をレコードにしたものの新規発売がまだ跡をたたない。

　私は完全にまちがった。

　私は完全にまちがった？

　私だけでなく「レコード」というものについての考え方の一部にまちがいが含まれ

ていて、レコードは実は「一度限り起るものを永遠に向かって、不変の状態で記録するもの」というので、多くの人々に利用されているだけではない。あるいは、みんながレコードを買い、レコードを愛するのは、以上の「一度限りのもの」というのと、「いつまでも、くりかえし、きけるもの」というのと、その両方の条件を満したものに、特別の魅力を覚えるということがあるのを、みんなで、見逃していたのだろうか。見逃さないまでも、この点を十分に考慮に入れなかったのだろうか。

完全主義の演奏という概念があり、現実にその通りのものが存在するか否かは別として、どの点からいっても不完全のもののない演奏を心がけ、それを追求するという事実が、かりにあるとして、レコードになるとしたら、そういう演奏こそ望ましい、なぜならばレコードは永久に（?）くりかえしきかれる、耐えるものでなければならない以上、そこに欠点があってはならないのだから、と私たちは考えていたわけだ。そこに、一つのおとし穴があったのではないだろうか。

完全か不完全かは別として、とにかく欠点のないことを目指す演奏というものにつきまとう「何か」、その「何か」と、レコードをくりかえしきくということとの間に、一つのギャップがあるのではないだろうか。

私は、なにもフルトヴェングラーの演奏が不完全なものというのではない。ただ、彼は、演奏に際しては、いつも、「完全」ということより、別のものを大切にしていたろうことは、彼の演奏をきいたものには、よく伝わってきたことである。それを、細部における欠点に目をつむっても、曲が全体において目指しているものを、本当の鳴り響く音として実現することを目ざした演奏と呼んでもいいかもしれない。そのために、彼は、そのつど、与えられた条件の中で、それに即応しながら、あれこれの細部ではちがいの生じている演奏になることを、あえて避けなかった。そうなると、その時々で、いろんなことが変ってくる。オーケストラの中の個々の演奏家の出来不出来もあるだろうし、ホールのアクスティックのちがいもあるだろうし、指揮者その人に、細部についての前とはちがったコンセプションが生れることだってあるだろうし、どこでどのくらいクレッシェンドし、どのくらいリタルダンドするか、その場になってみなければ、きめがたい状況というものもあろうし……。

それがなまの演奏ということだろう。

そうして、私たちがレコードに求めているのも、結局は、そういうものだったのではなかろうか。レコードだから、なまとは別の、というのでなくて、なるべくなならなまと同じものをレコードでききたいのだ、というのではなかったろうか。

何だ、そんなことをいまさら、といわれるかもしれないが、そうとばかりもいえまい。レコードをきいてみると、実際には、とてもきこえてこないような、スコアの内部の内部まで、光を当て、音を引きだしてきたような録音とか、どんな細かいパッセージも、整然としてひかれ、複雑を極めたリズムの交錯と分割や、メトリックの目まぐるしい変化を、精密な目盛りで計ったみたいにきっちり処理した演奏とか、その他人間わざとは思えないようなものが、きかれたことが少なくない。それから、交響管弦楽の合奏や独奏曲で、それぞれの楽器から、どうしてこんなきれいな音が、と驚嘆しないではいられないような音質の響がきこえてくる時、そういう時、私たちは、これこそレコードのありがたみだと思ってきいたのではなかったろうか。

それが、いまや、レコードでしかきかれないような演奏に、私たちの耳が倦み、心がはなれてきたのではないだろうか。

これは「ごちそうの食べすぎ。口当りは、少々悪くても、本当に健康で栄養になるものを食べたくなった」ということだろうか。

美しいものを愛し、きれいな響を好み、よい演奏でよい曲をくりかえしてきくのは、たしかに私たちのよろこびであり、人間である以上、それから全く離れたところにゆきっきりになるということはないだろう。だが、何が美しいか、何がきれいで、何がよい演奏か?について、私たち、もう一度、自分の心に問いただしてみる日が、いま、きているのでないか。今作られているレコードの、演奏そのものははるかに凡庸だが、音のきれいなレコードより、フルトヴェングラーのそれのほうが、大勢にむかえられているのは、それを物語っているのではないか。

フルトヴェングラーの『エロイカ』

ベートーヴェン『エロイカ』の第二部（展開部）の構造を簡単に鳥瞰すると、大体、つぎのようなことになる。

(1) 第一部からのつなぎ、第一中間楽想（譜例1の(3)）の短い処理。
(2) 主要主題（譜例1の(1)）による展開。ハ短調からニ短調、ト短調。
(3) 第一中間楽想による展開（変イ長調）。
(4) シンコペーションのリズム（譜例1の(2)）による転調の部分を経て、ホ短調を確立するための長い準備。
(5) ここではじめて登場するホ短調の痛切な歌。
(6) 主要主題の展開（ハ長調からハ短調を経て、変ホ短調へ）。
(7) 変ホ短調による(5)の哀歌的旋律の再登場。

(8) 主要主題による展開。鋭いリズミックをともなった分散和音によって、しだいに第三部（再現部）の導入を準備する。そうして、その最後に、例の属七の和音と主和音の重なり合うという大胆極まりない手法のうちに、再現への導入が完了することになる。

大体、こういったことになる。

＊

以上が、この曲の演奏をきくに当たっての、必要最小限度の作品の構造の観察である。

およそ、大指揮者とか名指揮者とかいわれるほどの人の指揮による演奏をきいてみると、以上のような曲の形が、きくものに明確に、十分意味あるように、把握できるように、表現づけていることがわかるのである。

このことを、はっきり、理解しておいてほしい。良い演奏、悪い演奏との区別というものは、何も、管弦楽の合奏が水ももらさぬようピッタリいっているとか、個々のふしの吹かせ方がきれいだとか、あるいはその反対であるとか、そういうことによってだけきまるのではないのである。そういったことは、むしろ、完全に技術的な次元に属することで、いわば演奏の前提でしかない。

では、具体的に、どういうことになるか。

一つだけ例をとってきいてみよう。

フルトヴェングラーがヴィーン・フィルハーモニーを指揮した、ベートーヴェン『エロイカ』の実況の録音がレコードになって出ている（DXM一〇一—UC）。

周知のように、フルトヴェングラーの指揮は、長大な交響曲を指揮する時は、誰がやっても多少ともテンポの伸び縮みがある緩徐楽章に限らず、原則としてイン・テンポのアレグロ楽章を扱っていても、その中で、かなりはげしいテンポの変化があるので知られている。しかし、その彼の特徴も、音楽の構造、性格に則してきいてみると、そこに、実は、確固とした理由のあることがわかるのである。

逆に以上やってきたような手続きをとらずにまず演奏をきいて、曲を経験しようとする（理解しようとする）人の場合でいえば、フルトヴェングラーのとっているテンポの変化についてゆくと、そこに音楽の歩みの伸長と停滞、ダイナミックの凝集と拡散、緊張の積み重ねとそれの解放、あるいは音楽の突然たる方向転換等々といったものが、それと頭脳的知的に自覚しないまでも、明確にききとることができるという結果にもなるのである。それが簡単な歌や踊りの曲とちがって、知的な要素も多分に含みつつ、人間を全体的にとらえようとする性格の、「音楽をきく」ということにほかならないのである。

この『エロイカ』の第一楽章などは、フルトヴェングラーのそういう特徴のある指揮を経験するのに、まったくうってつけのものとなっている。

そのことを、展開部の演奏からきいてみよう。

まず、展開部に入って当初、私の鳥瞰図の(1)に当たるところは、それまでの部分、つまり提示部のコーデッタによってしめくくられるまでの、あの躍動的な音楽にくらべると、はるかに、ゆっくりした歩みに変わる。そうして、(3)に入っての、例の第一中間楽想の遅さはどんな人の耳にもはっきりととらえられずにおかないだろう。そうなると、ここでは、音楽の素材はこれまでよく知っていたものだし、pのドルチェ（優しく）と表情づけられた、この小動機の重なり合い、呼応し合いながら出没する音楽は、苛立つ心をなだめるような感じを与える。それはいってみれば、騎士が自分の愛馬の頸をやさしく軽く平手でうつ時のような表情を連想さす。

これが二〇小節あまり続いたところで、音楽は、主要主題の展開にうつる。ただし、それはハ短調のppによる陰微な始まりである。テンポは少しあげられる。そうして、ハ音が嬰ハ音（その時にクレッシェンドでpになる）を経てニ音の上の展開にまで、

譜例 1

せりあげられたところで、木管も金管も*ff*で全力をあげて拍子をうち、第一ヴァイオリンが譜例1の(4)として引用しておいた、あの八分音符と十六分音符の混ざったリズムの最高潮の一つを刻みながら、主題に即応した対位線を描くようになると、音楽は俄然、たけりにたけり、テンポも思いきって速められる（第一八六小節から、このあと、第二一九小節までは、ニ短調からト短調と転調しながら、この展開部の最初の盛り上がりが奏せられる）。

　このあとの(3)と(4)の部分は、また、それだけで一つの美しい対照をもちながらも、実は、ホ短調のエピソードに到達するために、懇切と力動感との驚くべき一致を示す転調の部分でもある。ここで切分法によるリズムにのりながらきかれるバスの力強い響きは、ヴィーン・フィルハーモニーにあっては、響きがそのまま、充実した音楽にもなっているという醍醐味を遺憾なく味わわせてくれる恰好の場所となっている。フルトヴェングラーは、ここでこの交響楽団の伝統的な美点を、惜しみなく、くりひろげる。

と同時に、これはノッテボームが、先に、「ホ短調の哀歌的な歌の暗い導入に対し、際立った対照を示すところ」と呼んだものであり、フルトヴェングラーは、これに関する作曲家の着想のすべてを、あますところなく実現している。

ついで、ついに、⑸の哀歌がはじまる。この旋律は、ベートーヴェンのスケッチでみると、上声よりも、むしろ最初低音のチェロで出てくる下声のほうが、いつも、書きこまれていた。だから、評者によっては、この下の第二声のほうが旋律の主体であると考える人もあり、それに準じて、指揮者によっては、どちらかといえば、そのほうにアクセントを置いた演奏をする人もある。しかし、少なくとも、この二つの声部のどちらも、はっきり耳に入るように演奏するのが通則である。フルトヴェングラーのは、両者が均衡をもってきこえる部類に属する。

歌が終わると、そのあと、(6)がくる。ここは、単に主要主題の展開が再開されるという以上のもので、第一に極度に精力的な緊張にみちた展開が行なわれ、《歌》との極端な対比も、もう一度、はっきり示される。それは、まるで、ベートーヴェンが、この哀傷の《歌》とダイナミックな主要主題とが、もともと同じ主和音の分散和音から生まれた双生児だというのに表現的価値からみれば、まるで別の極にある楽想になったことをデモンストレートしているかのようである。それくらい、ここの音楽は熱烈をきわめる。

だが、その烈しい分散和音の高まりが、いつのまにか、哀歌をもう一度、しかし今後は変ホ短調で復帰させる準備をしていたのである（こういうのが、ベートーヴェンの実におもしろいところであり、彼は、構造の論理のうらづけのない音楽を書くことはできないのである。機能をもたない音楽を書くのは、彼の本性にどうしてもあわないのである！）。

こうして、もう一度、歌がはじまる。しかし、ここでの歌は、格段に浸透力をましている。これも、この曲をきいた人ならば、必ずや、感じとっていたはずのことである（譜例2）。

この変ホ短調から変ト長調に移るこの個所の響きの豊麗さは、きくものを限りなく

譜例2

譜例3

ひきつけずにおかない魅力にみちている（たとえばベームやセルのような大家でさえ、《哀歌》が第一回に出てきた時は、どちらかといえば、やや聴き手を失望さすような演奏であるが、さすがに、この二回目の時は、《心》のこもった見事な歌をきかせる）。

だが、論理の進展と表現の深化が構造的に一体となっているという、ベートーヴェンの音楽のまったく独壇場というべき《すごさ》が、さらに一段と見事に発揮されるのは、ここからである。

《歌》が、もう一度、変ホ短調にもどった時、そこから、三たび、主要主題の展開が開始される（譜例3）。

これが、いったん、三六二小節でクライ

マックスに達し、そこから音力を低下させながら、しだいに p、pp の領域に入って、先にふれた、あの破天荒の属七の和音と主和音との同時的重なり合いに到達する。

それまでの間、フルトヴェングラーのテンポは、音楽の流れとともに動く。しかし、ここでは速くなることが音楽の緊張を高め、おそくなることがその逆を意味するというのでもなければ、音の高まりが音楽の高まりをつげるというのでもない。低音の、広い歩幅の歩みは、たとえ低くそうして p で行なわれようとも、力強さにみちみちている。

ただし、ここでは、レコードが古い実況録音のせいもあるだろうが、譜例3の、あのファゴットに出てくる主要主題の動きは、バスの力強い歩みのかげに完全にかくれてしまっている。それはまた、ベートーヴェン自身の管弦楽法に問題のあることを告げてもいるように思われる。木管がいくつも重なり、ホルンも二本あり、そうして弦楽が全奏する中で、本来的にも音の柔らかいファゴットが、たった一本で、彼自身の重要な声部を保持するというのは、どだい、負担過重ではなかったろうか?

ただ、スタジオにおけるレコードの録音では、こういうことは事情が変わってくる。そのために、ベーム（MG二〇〇九）とか、特にはまたショルティ（SLC一七五〇）のレコードになると、ファゴットは実にはっきり耳に入ってくる。

だが、私は、ここでは、そういうことよりも、もっと音楽の本質として大切なことにふれなければならない。

それは、以上のように展開部に入ってからの(5)、(6)、(7)から(8)にいたる間は、要するに、哀歌的な旋律の提示の部分と、主要主題の展開による部分との交替ということになるわけだが、その間、哀歌が二度出現したあと、(8)の主要主題の展開(譜例3)にいたると、私たちの耳は、この(7)と(8)との両者の間に、どことい ってはっきり説明のしようがないが、あるものを感じとるようになってしまっているという事実である。

これを説明するのに、二通りの考え方があると、私には思える。

その一方は、哀歌的旋律の結ばれ方に、暗示されていることで、まず譜例2の中の第七小節から第八小節にいたる動き、つまり変ニから出発し、いったん変ハ、変ロと下降しそれから今度はそれを逆に上昇して、変ハに戻り、つぎの小節で変ロ音に落ちつく音型。これは実は、この曲の始まり、第一部の最初に主題が出たあと、ひとしきりして、もう一度今度は*ff*で再現する楽節の最後に——別の言い方をすれば、第一中間楽想の出現する直前にあったものだった(譜例4)。

そのうえに、この旋律自体のもう一つのまとまり方をみると、これは主要主題に直接つながるものであることが、疑いをいれる余地のないくらい、はっきり呈示されて

譜例4

譜例5

いるのであった（譜例5）。

　こうして、この展開部になってはじめて姿を現わしたまったく新しい旋律というものが、どういう具合に、実は主要主題から、ひき出されてきたものであったか、その謎がしだいにとけてくるのである。

　私が、これに考えいたったのは、リーツラーの本にその示唆があったからであるが、しかし、もう一つは――そうして、今度、この曲を改めて、考え直し、きき直している時に、そのことにもう一度考えがおよんだのは、フルトヴェングラーの指揮をきくことによってである（もう一方の説明の仕方は、より頭脳的なので、今、ここでは省略する）。

　こうして非常に遠いところに出ていた楽想同士を、その間にいろいろなものをはさみながら継次的にきいているうちに、その間の《つながり》を感得させるような演奏！　これこそ、私にとっては、ほかにぶつかったおぼえのない、まったく、一回限りのものである。

譜例6

しかし、また、いったん、この間のつながりがわかってくると、私たちは、そのあとになって、また、それを説明したり、証明したり、そうでなくとも、その傍証になるような現象にぶつかった時は、素早く、そうしてまちがいようのない力強い確信といっしょに、それをつかまえることができるようになる（譜例6）。

前者は再現部に、後者はコーダに出てくる音型だが、すべて、哀歌と主要主題との間の遠いけれども確実に存在する親近性をあかす中間的形態であり、改めて気がついてみると、私たちは、この音型の所在を、はじめてこの曲をきいた時から、しっかり耳に刻みこんではいたのである。

そういうことが、フルトヴェングラーの演奏をきいていると、わかってくるというについては、この人独特の烈しいテンポの動かし方と、それと不則不離についてまわっているダイナミックの配分が、大きく関係してくる。というよりも、正確にいえば、このテンポの変え方こそ、フルトヴェングラーにとっては、楽曲を聴き手に把握させるための、一つの特定の方法なのである。

譜例７

この楽章の中で、もう一つ、そのことの顕著な実例をあげるとすれば、つぎのような個所がある。最後のコーダに入ってから、例の《旋律》が提出されたあと、展開部の時と同じように主要主題による展開がはじまる（譜例３に最も近い形があり、そのあとに譜例６の⑵が続くのである）。

それからは第六三一小節でホルンに主要主題の最初の三つの小節の形が出て以来、第六七三小節で、別の楽想が出るまでの間、四二小節にかけて、ずっと、この三和音のモティーフが鳴りづめに鳴らされる。勝利の凱歌のように（譜例７）。

しかし、この音型は、第六三一小節でホルンで奏され、ついでそこにヴァイオリンが重ねられてくり返される。それから今度はヴィオラ、チェロ、コントラバスといった弦の低音楽器に移り、四回目はトランペットに移る。この間、ある限りの力強さと、そのうえに特に、音色のすべての輝きをもって、音楽は逞しく前進するのはいうまでもないが、それでも、最初のホルンから、弦、それもヴァイオリン群でやられ、ついで低弦楽器でくり返され、最後に最も明るい輝きをもったトランペットの吹奏に手渡される時、その間、音楽の形は同じであっても、響きはまるでちがうし、第一、これが同じもののくり返しに終わるか、あるいは、その間に音色の変化があるのを遺憾なく演奏の正面におし出すか、それとも最後に、この四回は、一つの方向に向かっての威風堂々たる前進とするか、これらの考え方の違いによって、音楽は当然ちがって響いてくるのである。

フルトヴェングラーは、このうちの最後にあげた考えをとっているように見える。そうして、彼の指揮の下で、音楽は終わりの追いこみに向かって、テンポを上げ、特にトランペットの吹奏をもって、音楽は決定的に最終段階に入るという経過をたどる。テンポの変化は著しいが、ここでも、それが構造的な意味合いをもって使用されているのがわかるのである。と同時に、私たちは、このテンポの変化を通じて、音楽に与えられた意味づけ、方向づけを、言葉のみたされた意味で経験する。それはまた、テンポの変化が、同時に、音量のじりじりと潮が押しよせるような増大、つまりはクレッシェンドによって、支えられているからでもある。

この点は、楽譜に厳格に忠実であろうとするジョージ・セルのような大家も同じである。というのも、彼の場合は（SOCL一〇〇三。これは日本の「音楽通」が一般によく考えもせず思いこんでいるよりは、はるかに高度な優秀な演奏となっている）、テンポを速めるのではなくて、音力のほうで六五五小節にいたるまで、じりじりときわめて息の長い傾斜をもって、クレッシェンドさせ、もり上げてくるのである。これもまた、この音楽の強い底力を感得させる見事な演奏である。

だが、クレッシェンドをつけながらも、テンポをほとんどまったくかえないといっても、それがクレンペラーの指揮になると（AA八一〇三）、元来が、彼特有のおそいテンポを基調にしているので、この長丁場をもちこたえる力には、驚異的なといってもよいものがある。

私のきいた限りで、以上の人びとの中でも、フルトヴェングラーとはちがうが、ほかの誰よりも印象的な演奏のきかれるのは、ショルティがヴィーン・フィルを指揮した盤である。これは、クレンペラーとはちがい、速くもおそくもないテンポを基調としながら――そうして、なかでやたらテンポを変えないことは、あえて断わるまでもなかろう。要するに、フルトヴェングラーのようなことは、クレンペラーであろうとカラヤン、ベームであろうと、あるいはもっと若い世代の人びとであろうと、最近の指揮者たちは、もうやらなくなってきているのである――しかし、ダイナミズムの変化、それに音色の明暗、華麗と重厚、その他の対照を十二分に駆使しながら、劣らない程度に構造を明らかに示している。この盤もまた、私たちの手近にあるにもかかわらず、日本の人びと、特に《批評家》ないしは《通》をもって自認している人びとかららは正しく評価されていない、名盤の一つである。

それにまた、この盤は、第二部から第三部（再現部）に入る際の、あの和音の重複があるところで、*ppp*のヴァイオリンのトレモロが、*pp*のホルンの入りにもかかわらず、手にとるように鮮かにきこえる点で、ほかの盤をはるかに抜いている。

ただし、こういう鮮明度そのものは、指揮者の見識とか音楽的教養の高さとかいったものとは、ちょっと別の問題である。

『エロイカ交響曲』の演奏というと、相当に音楽をききなれた人でも、第一楽章でいえば、たとえば、あの主要主題が提示されてから第五小節（低音が嬰ハ音にとどまり、上でヴァイオリンがシンコペーションでト音を刻み出すところ）から、六小節の間、（譜例1の⑴から、さらにあと一小節あとまで）の演奏をきいて、*p*、クレッシェンド、*sf*、デクレッシェンド、*p*、そうして再びクレッシェンドというなりゆきの中に、どのくらいの音楽の表情美とエネルギーがこめられているかを、演奏の良否の目安にするような場合が少なくない。それはそれで、まったくまちがいではない。事実、音楽を「自分の中」にもち合わせていて、そうして自分の感じるものを的確に表わす力のある指揮者であるかどうかは、この部分をきいただけでも、わかることである（ここまででいえば、カール・ベームの指揮した演奏以上のものを、私はきいたことがない)。しかし、このような大作ともなると、それだけでは判断できないものが、ほかにもまだ、いくつもあるのである。

バイロイトの『第九』

私は、ある大学に二〇年近く《音楽》という講座をもっていて、音楽史の真似事のようなことを講じていたので、毎年、古いところから新しいところまで、一通り——といってもごく不完全な形でではあるが——音楽を歴史の流れに沿って、学生たちといっしょにきき直すのが年中行事になっていた。人に話すというのは、自分でも改めて学ぶということにほかならないわけで、こうして勉強し直す機会を与えられるのは自分の幸福の一つといってもよかったろう。しかし、これは音楽の専門の学生を対象としたものではないので、どうしても十七世紀からせいぜい二十世紀初めまでの音楽に重点がおかれることになる。

そんなわけで、毎年、モーツァルトやらベートーヴェンやらをきき直していたわけだが、ある時ベートーヴェンのことを考え、しゃべり、そうして『第九交響曲』のレコードをかけた。

フルトヴェングラーが指揮してバイロイトのヴァーグナー祝典劇場でやった時の実況録音のレコードである（A　AA八一八八―九、ベートーヴェン『第九交響曲』）。私は、偶然これと、同じ顔ぶれの演奏を、あの劇場に坐ってきくことができた。このレコードは、ごくたまにしかきかないが、きいているといろいろの感慨が湧いてくる。それにこれはまた、パリ、ザルツブルクと、フルトヴェングラーをきいてきた最後の機会でもあっただけに、よけい思い出が深まるのであろう。

このことは、私の『音楽紀行』（新潮社）にも書いたからくり返さないが、その折にもふれ、また前にも述べたように、レコードはいわば写真のようなものだ。そうして写真で見ると、私たちは、実物のある面が全体の中での割合を越えて強く印象づけられる。つまり拡大されてこちらに迫ってくることを、よく経験する。たとえ、故意の作為を加えてない場合でも、そういうことがあるのである。これは知人がテレビに映っているのを見るような場合でも、そうである。

フルトヴェングラーの演奏の特徴の一つは、アゴーギク、つまりテンポの微小な伸び縮みの独特な頻出にあった。そういうことが、実演できいていると、ほかの論理、たとえばそれに伴うダイナミックス（音の強弱）の加減その他と一緒になって、音楽の表情全体の中での動きとして耳に入ってくるので、実際には、そんなに、これだけが切り離されてきこえないのだが、レコードできくと——理論的には、ここでも同じであってよさそうなのに——テンポのゆれ、相当にはなはだしい伸び縮みとして——むしろ、誇張された扱いといっても良いほど——目立って現われてくる。見なれた知人の顔が、写真でみると、いやに髪の毛が薄く見えたり、口のよこの皺の深さが気になったり、顎の線が尖ってみえたりするようなものである。テレビでの映像となると、こういう点がもっと度強く目に映ずるようにできている。鼻の横の皺は一層深く、目のまわりの隈は一層暗くという具合に。

そういうものは、《実物》でも確かに存在しているのだが、現実の生活の場では、その顔の瞬間瞬間の表情や動きやその他と混じりあって、そんなに目立たない。それが写真となるとちがってみえてくるのである。くり返すが、ここでは、レコードにとるための作為とは、別にしていっているのである。これはまた、芝居で、役者のせりふをきく時にも、ほぼ似ている。全体の舞台を見ながらきいている時は、名口上ときこえるのが、レコードやラジオ——テレビできいてさえ——日常生活での人間のしゃべり方との違いが目立ち、いやに誇張された、癖の多いしゃべり方としてしかきこえなくなってくる。

しかし、舞台でのしゃべり方はもちろん、音楽にだって演奏の様式というのがあるのであって、生《なま》のままのしゃべり方、自然な演奏というのも、実は、一つの様式的概念にすぎない。逆にいえば、歌舞伎のあの役者のしゃべり方が、いかにも芝居臭いというのでなく、日常的でレアリスティックと感じられ、そうでなくてはならないと観じられていた時代というのがあったのである。いわゆるサワリだけでなく、むしろ幕があいたばかりの、あの大ぜいの役者が舞台にいて、何や彼や「勝手に」しゃべっているだけで、観衆にはその一言一言はよくわからないけれど、それでいて、劇の始まりの雰囲気を作っている情景での彼らのしゃべり方を思い出してみるが良い。あれは歌舞伎風であり、かつ日常的であり、奇妙な混じりものだが、それでいて、やはり一つの様式にかなっている。それはまた、いわゆる新派の芝居などについても観察できる。

フルトヴェングラーが歌舞伎的に科白をのべたというのではない。しかし、彼の演奏も、あれは個人的様式であると同時に、ある時代的様式にかなうものだった。それはまた時代様式を作りあげ、完成してゆくうえでの重要な要素になったといっても、同じことだけれども。とにかく、あそこには、ある時代、つまり十九世紀末から今世紀の前半にかけて、ああいう様式でベートーヴェンを語ることが真正であったという一つの時代の姿が刻まれている。芸術では、様式をはなれては真実はないのである。早合点されては困るが、フルトヴェングラーは別に様式を作りだそうとしたわけではない。彼にとっては、ベートーヴェンを——おそらく、彼の考えと信念に従えば、《ベートーヴェンの内奥の真実》を、といったほうが適切だろうが——再現するのに最も正しい方法をとる以外に何一つ眼中になかったにちがいない。そのために、彼は一つ一つのフレーズを丁寧に扱い、そこにこめられた意味、音楽的・論理的・構成的・人間的意味のすべてをできるだけ明らかにする道をとったのであり、フレーズをはっきりさせ、句読点を入れ、強弱や陰影づけをほどこし、歌うべきは歌い、小声で囁くべきは囁き、熱情的に走るべき走句は走りというふうに演奏する以外の何をしたわけでもない。それが力強く感銘深く、人を打てばこそ、あれは稀代の名演奏となったのであり、そこに「ベートーヴェンがいた」のである。そのいちばん特徴的な個所だけ拾えば（よそでもふれたことがあるが）、終楽章、歓喜の旋律が低い弦楽器で導入されるところだ。あれは、きこえるかきこえないかぐらいに非常に小さく、遠く、そうしてかなりゆっくりきこえてくる。それから、時間とともに、くり返されつつ、しだいに強く、われわれのほうに向かってだんだん近寄り、そうしてだんだん速くなる。と同時に、大ぜいがそれに参加し和するかのように、対位線が加わり、全貌があきらかになってくる。これは明らかに、広い意味での、音楽のプログラム的扱いであるが、そのプログラムは音楽的に実に慎重かつ説得的に行なわれているので、きくものはそれに納得し、それと同時に、この音楽の歩みの中に全身を投げ入れて参加しないではいられない。

ベートーヴェンが、『第九』が、こうしなければ正しく伝えられないかどうかは、別の問題である。私たちは、フルトヴェングラーのこの考え方と扱い方の中に、一つの真実が力強く実現してゆくのを直接きくというのが、ここでの現実である。そうして、ほかのやり方がないわけではないことは、別の指揮者たちの演奏をきいてみれば、すぐはっきりする。それは、別のやり方をしているから、ベートーヴェンを正しく伝えてないといえるかどうか。そうして私などには、フルトヴェングラーのある部分は煩わしい。そんなミエをきらなくとも、作曲家のいうことははっきり出ているのにと思われてくる場合がある。

それでも、この小さな響きから大きくなる、遠い響きがしだいに近寄り一つの明らかな歌となって現われるという構想は、ベートーヴェンのものであり、それは、どんな指揮者も無視することは許されない。ところがそれをやるのは彼らにとって義務、課題というより、喜びであり、指揮者冥利なのである。ただ、それを実現する仕方がちがう。そうしてある場合、ある指揮者の時には、なるほど形だけはそれをやっているが、いかにも形だけ真似しているのであって、そうなる必然性は、その論拠は、楽譜に書いてあるだけで、内面的には何もない。したがって彼らは楽譜をなぞっているにすぎない、ということになる。

シュナイダーハンとのベートーヴェン『ヴァイオリン協奏曲』

ベートーヴェン『ヴァイオリン協奏曲』
ヴォルフガング・シュナイダーハン独奏
フルトヴェングラー指揮
ベルリン・フィルハーモニー管弦楽団

1

先年ベルリンで暮らしていた時、ベルリン・フィルハーモニーの演奏会で、シュナイダーハンを独奏者として、ブラームスの『ヴァイオリン協奏曲』をきいた。

この日のプログラムはちょっと変わっていて、最初に現代ドイツの作曲家クレーベの『第三交響曲』があり（たしか初演だったと思う）、そのあとこの協奏曲がきて、それで終わりというのだった。といっても、クレーベの交響曲が長く複雑な音楽だったので、この二曲でもふつうの演奏会としての長さだった。

指揮はクリストフ・フォン・ドホナーニ。日本ではあまり知られてないかもしれないが、中堅の良い指揮者である。ハンガリー出身の有名な作曲家ドホナーニの近親であるはずだが、正確なことはよく覚えていない。ベルリンのドイツ・オペラでもかなり活躍している。

ともかく、休憩で一息ついたあと、シュナイダーハンのブラームスの協奏曲をきいたわけだが、これが実に良かった。私としては、これまでこの曲をきいた経験の中では、ダヴィド・オイストラフで知って以来の豊かな楽しみを味わうことができたといってよい。

ブラームスのこの曲は、ベートーヴェンのそれと同じように、ヴァイオリン協奏曲の中ではきわめて交響的な性格をもっているようにいわれているが、それは一面では正しく、一面では当たらない。誰だったか、「ベートーヴェンの室内楽は、最もきりつづめた手段で書かれた交響的作品であるのに対し、ブラームスの交響曲や協奏曲はすべてどこかに室内楽的な核心を残している」といった意味の言葉が残っているが、それは簡略すぎた言い方ではあるにしろ、一面の真理をいいあてている。ブラームスでは、室内楽独特の親密な内面性が、ベートーヴェンのそれにくらべてより根本にある。まあ、ここまでは誰も口にすることであるが、それをもう少しつっこんでゆくと、ベートーヴェンではあまり好ましくない古典的な格調から少し外れた、より親しみ深い調子で語ることもときによってはかえって正当化されるということになる。ヴァイオリンの音楽でいえば、たとえば、ポルタメントなども、ベートーヴェンよりはもう少し多めに使う機会が出てくるわけでもあり、また音の美しさに任せる部分も多くなり、響きの明暗の範囲をより広くとってもおかしくないということになる。

だからこそ、たとえば、ダヴィド・オイストラフと、アイザック・スターンという──この二人は、また、ずいぶんちがう行き方でこの協奏曲に対していて、一口にいえば、前者はこの曲の交響的性格に、後者は室内楽的側面により重点を置いているといってよいと思われるが──つまり音の量的にもたっぷりあるうえに、その艶やかさとか色彩的な華麗さとかの点で、現代屈指のヴァイオリンの双璧が、そろってベートーヴェンよりはむしろ、この曲においてより成功しているという結果にもなるのである。

ところが、シュナイダーハンは、この二人とはいささか趣がちがう。彼は、今あげた二人のような──メニューインの有名な言葉を借りれば、「ロシア的厚塗りの油絵的な行き方」とはちがって、音自体としてはより渋いというか、より堅実な輪郭をもったというか、そういう音を基本にしている。だからこそ、また逆に、音色と明暗の移り変わりのうえでより動きの幅が広くなり、変化に富んだ演奏をする余地が残されてくる。シュナイダーハンのブラームスは、私がきいたこの時の印象でいうと、交響的とか室内楽的とかいうよりも、むしろ、より自由なラプソディックな性格が強かったのだが、特に私に感銘を与えたのは、彼の自由さ、気の置けない闊達さが、ほかにきいた例の思い出せないような《詩的な魅力》を生みだしていたことである。たいていの人よりも、遅めのテンポをとりながら、この名ヴァイオリニストは、自分が隅から隅まで知りぬいたヴィーン近郊の森や丘を散策してでもいるかのように、ちっとも無理のないらくらくとした歩調で、しかも急所をピタリとおさえた心憎いばかりの弾きぶりを示した。「ああ、ヨーロッパだ、ヴィーンだ、そうしてブラームスだ。」こういう演奏をきいた時の楽しさというものは、ただ音だけをどうの、どの部分をどのくらいの速さでどうひいたといったことだけでは、どうしてもいいつくせない。

そうはいっても、しかし、こういう演奏の与えるものは、また、その演奏に即して、私たちがききうる限りのものの外にあるわけではない。つまり、これは、気分、雰囲気といったものを主要素とした演奏というのとは、まったくちがうものなのである。そこが、シュナイダーハンが、すぐれた音楽家であり、またおそらく、現代、ドイツ・オーストリア出身の世界トップ・クラスに数えられるごく少数の一人であるゆえんでもある。

今月は、私は、この曲のレコードについて書いてみたいと思ったのだが、あいにくとシュナイダーハンの独奏したレコードがない。それで、私は、彼のひいたベートーヴェンの協奏曲を選んだ。といっても、これは代用品というにしては、あまりにも優秀なレコードである。

2

かつて私は、ベートーヴェンの『ヴァイオリン協奏曲』のレコードにふれて書いた時、スターン＝バーンスタインのレコードと、フランチェスカッティ＝ヴァルターのそれとの二枚をとりあげ、この二枚について、優劣を論じることはもちろん、自分としてはそのどちらかをとるについてもきめがたいということを書いた。

あのころは、今思えば、まだ非常にもたもたしていて、その二枚のレコードの特質を一言でつくすというのを、試みる気にさえなれずにいた。今は、それをやってみたい。

と、断わることさえ、今は大袈裟でおかしい気さえする。要するにヴァルター＝フランチェスカッティの取合わせは、この不滅の名曲の静的な抒情的側面を重視し、バーンスタイン＝スターン組は、より劇的なダイナミックな面に力点を置いているのである。

そうして、このシュナイダーハンとフルトヴェングラーのレコードは、その中間にある。しかも、両者の間の妥協とか折衷とかとしてではなくてである。ベートーヴェンの曲はそのどちらの解釈にも十分な糧をたっぷり与えており、どちらが正しいというわけでもないのだが、演奏としては、その両面を同時に満足さすようにひくのは至難の業である。それを、シュナイダーハンとフルトヴェングラーは、敢行しているのである。

私は、それがここで理想的な解釈に到達しているとはいわない。だが、ここにみられるものが、おそらく何十とあるだろうこの曲の演奏の中で——私はその全部を知ってるわけではないが——ほかにはおそらく見出しがたいであろうような、いろいろな美徳と美質にみちていること、それが私にもだんだんわかってきつつある。

3

それには、また、この組合わせが、例にとったほかの場合とちがうことも、もちろん、無視できない。フランチェスカッティ盤では、ヴァルターがどうやら主導権を握っていたようだ。そうして、ヴァルターが、抒情的表現、心の暖かい流れを何より重視していた音楽家だったことはいうまでもない。これに反して、バーンスタインとスターンの取合わせでは、呼吸もピッタリ合っていたうえで、二人ともダイナミックな、やや演劇的といってもよいような緊張と盛り上がりの効果を追求するのに、心の底からの喜びを感じていた。それらにくらべると、このレコードのフルトヴェングラーとシュナイダーハンの取合わせは、大分趣がちがう。レコードのジャケットによると、これは一九五三年の五月、ベルリンのティタニア・パラストで録音されたとある。

私は一九五四年の秋ベルリンに行ったのでよく知っているが、ティタニア・パラストというのは、大きな映画館である。そう、東京でいえば、有楽町の日本劇場に近いだろう。ベルリン・フィルハーモニーは、戦争でその本拠が爆撃破壊されてしまったので、そのころは、ここを使って演奏会を開いていたのである。大きくはあっても殺風景な小屋で、とてもヨーロッパ屈指の名門交響楽団の演奏会にふさわしい会場とはいえない。といっても、私の行った一九五四年だって、まだ、ベルリンには戦争の爪跡は焼跡や何かの形で生々《なまなま》しく残っていた。ベルリン・フィルハーモニー管弦楽団自体だって、当然、あらゆる意味での戦争による痛手から回復しきれない時だった。フルトヴェングラー自身にしても、戦犯騒ぎや何かの末、やっとまた指揮の舞台に戻るのを許されたのだが、それも僅かの間で、翌五四年の十一月には早くも死んでしまったのである。

まあ、そういうことは、このレコードをきくうえで、ごく間接的に考え合わせておけばよい事情にすぎない。ただ、このレコードが、そんなわけで演奏会の実況録音であるため、咳声や何かがさかんに入ってくること（特に静かな第二楽章にひどい）と、会場のアクスティックもあまり良くないこと、それに、ヴァイオリンの音が特別マイクを近寄せてとったためだろう、不釣合に太くきこえるという難のあること（レコードのヴォリュームを上げてきいてみると、まるでヴィオラか、ときにはチェロみたいにきこえる瞬間さえある）などは、考慮に入れておく必要があるだろう。

それにもかかわらず、これは実にすぐれた、一度きいたら忘れられないレコードである。それに、なんといっても迫力という点で、スタジオ製品とは比較にならぬものがある。

シュナイダーハンは、十九世紀から今世紀初頭にかけて最もすぐれたヴァイオリン教師の一人に数えられるオトカール・シェフチックの弟子の一人である。シェフチックはヴァイオリンの教科書として、おそらく最もすぐれたものの著者としても有名であり、「砂を噛むように無味乾燥な、しかも、その実効性において、極度に効率の高い」[*]メトードを築き上げた大教師である。その弟子のシュナイダーハンが、ヴァイオリンの技巧という点では、申し分のない高さに立っていることはいうまでもない。ただ、現代のヴァイオリン界は、かつてのティボー、クライスラー、フーベルマン、エルマン時代にくらべれば、また一段と技巧的に高い水準に達しているから、その中での粒よりの名手たち、たとえばハイフェッツ、ミルスタイン、ないしはスターン、あるいはもっと若い世代のルジェロ・リッチなどにくらべれば、特に技巧の点で優秀というわけにはいかないだろう。それに彼は、ハイフェッツからスターン、オイストラフにいたる、その音をきいただけでも人を酔わすにたる甘美豊麗な音を作るという点で秀でているわけでもない。彼の特徴は、彼が、古典、特に、モーツァルト、ベートーヴェン、ブラームスといった十八世紀、十九世紀ヴィーンの大作曲家たちの音楽について、その最も中核的なものを、いちばん無理なく自然に、自分の音楽の中心にしている点にある。彼は今日の第一級のヴァイオリニストの中で、いちばん自然に古典的な演奏をする音楽家なのだ。この点では、彼はもう一人のヴィーンの代表的ヴァイオリニスト、フリッツ・クライスラーともちがう。クライスラーは、より都会的で、より典雅で、より感覚的だった。シュナイダーハンには、クライスラーのあの洒脱軽妙な甘さと粋はない。だが同時に、彼にはより確固とした技術と、虚飾を知らない、平静な深さとでもいったものがある。

ベートーヴェンが都会的か田舎風かなどと論じるのは意味がない。彼には、その両方があり、また同時にそれをつきぬけた存在であった。しかし、モーツァルトとなると、シュナイダーハンは、実に自然で無理がなく、フレージングといい、音の作り方といい、形式の把握といい、一点の難もない。私は実は、日本グラモフォンから出た彼の指揮独奏したモーツァルトの協奏曲をきいて、実に好ましく思ったので、今度はこれについて書こうかと考えたのだが、一度きいた限りでは、軽妙と典麗という点で、もう一つほしいものが残る。書くのは、なお何度かきいてみて、もう少しわかってからにしたい。

しかし、ベートーヴェンの協奏曲は素晴らしい。フルトヴェングラーの指揮も力強く、正しく、実に深い感銘を残すが（オーケストラはさすがに最上の状態にはいない。あのころのベルリンで生きるのは楽ではなかった）、当時三十八歳のシュナイダーハンの独奏は、けっしてそれに抑えられたり、ひきずられたりしてはいない。瑞々《みずみず》しい抒情とけっして誇張なく内心から盛り上がってくる劇的なアクセントとの均衡は見事というほかない。第一楽章でいえば、堂々たる管弦楽の導入のあと、独奏者はやや抑制の強くききすぎた控え目な姿勢で入ってくるために、独奏に移るなりハッと目をみはらせるようなオイストラフの逞しさもクライスラーの甘美もないけれども、情緒はけっして上滑りもなければ抒情性と劇的なものとの中間であちこちにゆれたり動揺したりすることなく、真向ひたむきに、ベートーヴェンの大音楽を追求し、実現してゆく。その態度はカデンツァで、クライスラーの、あの技術のやさしいわりには効果のあるカデンツァを避けて、より無骨で、効果もはでではなく、技巧的により骨はおれるけれども、音楽的実質のうえではより興味のあるヨアヒムのそれを使っている点にも、集約的に示されている。それも、機械的に正確というよりも、むしろ、音楽に内蔵されている躍動をより重視した弾きぶりなのである。

しかし、現代のほかの大家たちにくらべてシュナイダーハンの特質が、より端的に出ているのは、このあとの第二、第三楽章の演奏だろう。第一に、彼は、おそらく誰よりも遅くひく。ことに第二楽章は十一分近くかかっているが、これはハイフェッツのやたらと速いのは別としても、ほかの人びとはたいてい九分から十分ぐらいの間でひくのではなかろうか？　しかも、シュナイダーハンの場合は、遅いからといって重く厚ぼったい演奏になるのではなくて、むしろ逆にそのために、より表現の幅の自由が生まれると同時に、楽章の形、つまり祈りのような主題による変奏とコーダという、この古今のヴァイオリン協奏曲の中でも特に深い高貴さをもつ楽章の性格を一層明確にするのにも成功している。これはたいしたことである。平静で控え目でいながら、いや、そういう基本態度をとったために、全体は局部的な装飾に足をとられたり、甘美に溺れたりすることなしに、むしろ素直であたり前の音でもって、表現の古典的な美しさと格調が放射されてくるのである。

第三楽章も、基本的には、これと変わらない。ここでも、遅めのテンポが、かえって八分の六拍子のリズムに折り目の正しさと同時に柔軟性を与えるのに重要な基盤をつくっている。

シュナイダーハンの人気というものは、オーストリア、それからドイツを中心とした公衆の圧倒的な支持を土台としたものだが、ヴィーンやベルリンや、ミュンヒェンなどで、この土地で活躍している人たちにまじって、シュナイダーハンをきいていると、この人には、歌舞伎とか能のある種の名人たちにみるような、かけがえのない真正さというものが、体現されているのが、私のような異邦人にも感じられてくるのである。

（＊）Joachim Hartnack: *Große Geiger unserer Zeit*, 1967. ヴァイオリニストについては、私は、この本から最も多くを学んだ。先ごろ邦訳が出た（『二十世紀の名ヴァイオリニスト』松本道介訳、白水社）。

フルトヴェングラーのブラームス　『交響曲第四番』

フルトヴェングラーがベルリン・フィルハーモニー管弦楽団と公演旅行に出て、一九四九年の六月、ヴィスバーデンで演奏会をしたときの実況録音盤という二枚組のレコードを聴いた。レコードには、モーツァルトのト短調、《交響曲第四〇番》。それからプフィッツナーの《パレストリーナ》から三つの前奏曲。最後にブラームスの《交響曲第四番》と、以上の三曲が入っている［ワルター協会　OS七〇六九〜七〇］。*

＊一九四九年六月一〇日のライヴ録音、この番号はLPで廃盤。

フルトヴェングラーには、ブラームスの交響曲を入れたレコードが、四曲のそれぞれについて何枚もある。そうして、フルトヴェングラーに詳しい人たちの間では、どの交響曲にはどの盤が良いとか、どの盤は問題があるとか、いろいろやかましい詮議があるらしい。私も、そのなかのいくつかを聴いてきたけれど、どの盤がどんな機会にできたレコードといったことには、あまり注意を払わずにいたので、どれがどれやら、よく区別がつかない。

しかし、今度の一九四九年の《第四交響曲》の演奏のようなものを聴いていると、頭の下がる思いがするほど、打たれてしまって、これは稀代の名演というべきものだ。だとすれば、これだけの演奏が、そんなにいつもいつもできるわけではあるまい、と考えられ、そうなると、レコードを大切にする人たちが、どのときの演奏は、どこまでいっていたか、どこが違い、どこが同じかといった点を、詳しく、正確に追究したくなる心理も、分からなくはないように思えてくる。

私自身は、そうやって、聴き比べることに、何か躊躇するものがあって、そのときその時で、聴き、その聴いたときの感じ、受けとり方、考え方を大切にしてゆきたい気持のほうが強いので、なかなか、そうはなれない。でも、大きい意味での、聴き比べは、やっぱりやっているのであって、だからこそ、今度のレコードを聴いて、こんなすばらしい演奏は聴いた覚えがないと思うということが可能になるわけだろう。それでいて、感心したからといって、フルトヴェングラーのほかのレコードを持ち出してきて、聴き比べるところまではいかないのは、頭の一方で、やはり、演奏は一回の、しかも、その全体において聴くべきもの、味わうべきものと考えているからだろう。その限りで、今日聴いて、感激したものが、明日聴いて、どうして、これに感心したのかしら？　と自分で自分を怪しむようなことがあっても、不思議ではないいということにもなる。

　事実、こんどのフルトヴェングラーの演奏にせよ、ある時点で聴くときは、たとえば、このなかでのテンポの揺れ動きのあまりの烈しさに、ついていかれぬ想いがするだろうことは想像にかたくない。いや、私には——この曲についてというのではないが——フルトヴェングラーの指揮で、そういう経験をした記憶は、強く、残っている。

　だが、それにもかかわらず、この演奏には、そういうこちらの受けとり方の動揺を突き抜け、のりこえて、私の全身的感動を誘い、その感動で私を包みきってしまうだろうと予想さすものも、あるのである。

　堂々めぐりばかりしているようで、読者は歯がゆい思いをしておられるのではないかと恐縮だが、しかし、音楽を聴くよろこびにひたるということのなかには、そういう要素がどうしても、入り込んでくるのではあるまいか。

　とにかく、このレコード、針を下ろして、何十小節もゆかぬうち——もう少し、細かくいって、第一主題の提示から、その後楽節が終わり、スコアの「B」に入るあたりぐらいまでいってか、いかないか——で、私は、この演奏がもつ、ただならぬ気配

譜例1

に、気づきながら、自分がそのなかに引きずりこまれてゆくのを感じたのだった。

土台、最初の、ヴァイオリンだけでhを長くひっぱった出だしの音が、すでに、普通でない。それは、主題の全体の出発点というだけでなくて、曲全体の入口に立って、これが、何ものかに対する名状しがたい憧れの音楽であることを、物語るといっていい始め方なのだ。しかも、そのあとの全体はずっと長く尾をひくような、聞こえるか聞こえないかの弱音による開始の仕方である。

この主題は、ご承知のように、はじめはつぎつぎと下降する3度の連鎖によって、それから、第四小節からは逆に、3度ずつ上行してゆく歩みによって、開始される（譜例1）。

そのなかで、前半の下降する3度は、下降と6度の上昇という音型に書き換えられているので、何かを招き寄せるような、懇願するような動きに聴こえ、それに対し、6度の上行は、その願いに呼応する動きであり、頭を下げてくるものに手をさしのべ、下から支えてやる身振りのようにも聴こえ、あるときは反発するようにも聴こえる。

そのあとの3度の上昇とオクターヴの下降が組み合わされた後半では、このソプラノの旋律のほかに、バスの動きが加わってきて、音楽は次第に厚みを増し、ダイナミックな要素を加えてくる。はじめの八小節の進行の模様を、言葉で書くと、こんなことになろうか。とにかく、以上の開始から、このあとしばらく、フルトヴェングラーの指揮は、神秘的といってもいいような、微妙を極めた動きをつくり出す。

私は、これまでも、この交響曲の出だしを、「ロマンティックな憧れに満ちた、まるで嘆息のような音楽」と思ってはいたけれど、この演奏で聴いてみると、それは、ただ、私がそう考えていただけで、「実際に音になって現に聴こえてくる」というのを経験したのは、これが初めてであったような気がしてきて、このあと何小節か聴いたところで、針を上げ、もう一度最初から聴き直したくなってしまう……。

そういう個所が、この演奏には、このあとも、いくつも出てくるのである。

一方では、私は「いや、ここでこの演奏の流れをとめてはいけない。局部は、全体の流れのなかでの出来事として、現れてきているのだから」と自分を抑えようとするのだが、しかし、一方では「いま、この曲を聴いている、その時間は二度と戻ってはこのないだろう。この霊妙な味わいはいま、ここで、味わいつくせるだけ味わおうではないか」という声も聞こえてきて、それに抵抗するのは、とても、むずかしい。

第二主題が、チェロとホルンのユニゾンで出てくる前後、それからその主題そのものの扱いも、おもしろい。ここでは、旋律のほうが完全なカンタービレで——ただし、これはあくまでエスプレッシーヴォであって、挽歌、哀歌の調子が混ざっている——、心のたけを歌い上げようとしているのに対し、ほかの弦が、ピッツィカートで継続的なリズムの合いの手を入れる。そのピッツィカートが、なかなか、きついのである。そのため、音楽は「歌う層」と「リズムの層」の二つが組み合わさり、しかし別のものとして、同時に進行するという重層的構造になる。そうして、ピッツィカートの層は、このあとも、楽章の随所に出没して、それ（楽章の重層的構造）が一時の過渡的な姿ではないことを雄弁に物語る。

テンポの変化が烈しいのは、フルトヴェングラーの指揮に、つきものといってもいいことで、毎度のことだが、この楽章でも、それは、演奏の根幹をなす。すでに、第一主題の楽段が、そうだった。これは、前述の長くひっぱられ、おそらく歩み出す出発点から以後、だんだんに音楽に生気が加わり、活気づけられるにつれ、テンポは目にみえて、加わってくる。

私は、前にも書いたけれど、フルトヴェングラーの指揮者としての魅力、そのかけがえのない高い価値の根本は、このテンポの変化が、音楽の論理と人間心理との必然に裏づけられていたこと。それから、一つのテンポからつぎの違うテンポへ移ってゆく、その移り変わりに、ほかの人よりも格段に見事で慎重な準備が行なわれていることと、この二点にあると思う。

それが、この楽章でも、よく見られるのである。その最も極端な例は、楽章終わりのコーダのテンポのつくり方で、ここでのテンポは曲のはじめのテンポの遅さに比べてみると、びっくりするほど速くなってしまっている。しかし、それは、二つのテンポを、ばらばらにして比較するから、そうなるのであって、この出だしとそれから結びの、二つの部分の中間にあって、さまざまの音楽の局面を思ってみると、そのどこをとっても、無理をしたり、音楽に暴力を加えた瞬間はなかったのである。無理は少しもしないでいて、しかも、刻々に変化する音の流れを忠実に追ってきた末、終わってみると、こんなにテンポが違ってしまっていたのである。

その途中で起こった、いくつかの段階のなかで、最も注目すべきものは、展開部から再現部に入ってゆくところだろう。これは、さっき見た第一主題の冒頭の、下降3度のモティーフが、幾度か、ドルチェと、*p*、*dim*、*pp*といった、日陰をゆくようなほかの動きのなかに、半分は覆われながら遠くから暗示されるように聴こえてきた末、*ppp*の、弱音のクライマックス（アンティクライマックス？）のあと、ゆったりと降りてゆく*p*、ドルチェのホ短調主和音の下行アルペッジョがあり、同じことが、今度は属和音、a、fis、disでくり返されたあと、属音hで、ひと区切りして、再現が開始される。

これもまた、心の奥まで深く食い込んでくるような、音による訴えかけである。この音楽が何であるか、ブラームスの表現しようと思ったものが何であるか、それを端的に伝えるものは、以上の三点だ——と、フルトヴェングラーを聴いていると、私には思われてくる。

それを言葉でいうのは、極度にむずかしいけれど、ここには、祈りと訴え、憧れがあり、また、慰めと諦念が一つになったようなものがある。

これに続く、第二楽章、第三楽章も、もちろん、すばらしい。しかし、私が、特に指摘したいのは、終楽章だ。私は、もうこの演奏の興趣を詳しく書くことはしないけれど、これが、バッハの無伴奏ヴァイオリンのためのニ短調〈シャコンヌ〉につぐ名作であることを、このフルトヴェングラーの演奏ほど、はっきり聴かせるものはない。

譜例2

それは、低音主題の循環するうえに、それぞれ別の旋律がのってくる、という意味での変奏の一つ一つについての巧妙な扱いという以上に、楽章の全体を大きな起伏をもった構造として把握し、造型してゆく――あるいは、そういう音楽で、この終楽章はあるのだと、聴くものに理解さすうえでの、すばらしい演奏なのである。

終楽章は、大きくいって、最初の八小節の主題の提示のあと、スコアにある *mp* が、フルトヴェングラーの手にかかると *p* に聴こえるほどの、低い姿勢の変奏で始まり、それからスコアの五〇小節ぐらいで、テンポを次第に加えて、八〇小節に向けて、一つの大きな山をつくる。そのあと、スコアの「D」でデクレッシェンドの方向にどんどん傾斜してゆくのだが、その間、九七小節からの二分の三拍子、エスプレッシーヴォで奏されるフルート・ソロの変奏は、全曲を通じての美しさの一つの頂点といってもいいかもしれない（譜例2）。

そうして、このあと、クラリネットとオーボエのかけ合いのある変奏を経て、例のトロンボーンとファゴット、それからホルン、クラリネット、オーボエといったものも加わって、奏される、あの和声の柱からなる変奏、これはヴァーグナーの《タンホイザー》の序曲を思い出させる——というより、すでに、その引用といってもよいほどのものだが、ここでまた、フルトヴェングラーは、エスプレッシーヴォ、*pp*、ドルチェの音楽の極致を聴かせる。ということは、彼の演奏で聴く限り、これは、明らかに——十九世紀的な意味ではあるけれど——宗教的な意味合いをおびたプロセッションの音楽なのである。そういう宗教的霊的な意味合いをもった音楽としての、《第四交響曲》という解釈は、これまた、私が、かつて、ほかのどの指揮者の演奏からも聴いたことのない響きだったので、私は、これを初めて聴いたとき、急にめまいを覚えたくらいである。私は、これまで、ブラームスは——もちろん、《ドイツ語によるレクイエム》を書いたほどの人だから、無宗教と呼ぶわけにもゆくまいが、しかし、教会的キリスト教とは、どこかぴったりしない人というように考えてきた。それが、晩年になって、例の旧約聖書による《四つの歌》を聴いてもわかるように、何か宗教への接近を感じさせる音楽を書くようになった。それは事実である。しかし、それもまた、「死のもつ意味の厳しさ」と「生きるということのもつ恐ろしいもろさ、危うさ、弱さ」への自覚の、一つの現れであって、ただちに信仰につながるものかどうか、もう一つ、よく分からずにきた。いまも、まだ、よく分からない。ブラームスは、甘い幻想に耽るには、あまりに渋く厳しいレアリストであり、人間死ねばすべて灰となって終わりと考えていたのではないかという気がしてならないのである。

ただ、フルトヴェングラーのこの演奏は、そういう私に、その厳しさのうえに、一つの光明が投げかけられる可能性を否定するものでないように、聴こえてきたのである。くり返すが、こういうことは、私には、初めての経験である。もしかしたら、私は、この楽段が、ヴァーグナーに発しながら、ヴァーグナーよりもっと厳しく深い意味での、魂の巡礼を一瞬、思わせたというだけのことかもしれない。

いずれにせよ、音楽は、これを、いわばドルチェのエスプレッシーヴォの最底辺部として——もちろん、テンポも思い切って落とし、これはもうアダージョというほかない遅さであった——、一二九小節のテンポ・プリモ以後、再び、力強い上昇に向かって姿勢を転換する。そうして、一七五小節で、スビト・ピアノを導入し、次の変奏は、それで押しきるが、これは、いわば、そのあとで大飛躍をする直前の、戦術的後退といったものにほかならず、スコアの「H」、一八五小節以下は最終のゴールに向かって、一気に盛り上げてゆく……と思うほかないような勢いなのだが、驚いたことに、もう一度、pのドルチェがきて、そこでは、第一楽章の第一主題を思い出させる下降のモティーフが出てくる。しかし、それはもう3度の下降ではなく、5度も飛ん

譜例３

で降りるのだ。だが、ここと、それに続く変奏は、私には、どう聴いても、冒頭の主題が思い出されてきてならないのである（譜例３）。

これが、終わったあとは、もう、コーダのピウ・アレグロに入るばかり。

私は大きな線だけをたどってみた、この間でも、音楽は、言いようなく細かい変化を、次から次と、重ねながら進行してゆく。それを聴いていると、フルトヴェングラーの指揮というものが、楽譜の細部を忠実に再現してゆくというやり方とは、実に遠いところを歩いていることが、絶えず、目に入り、耳に入る。

後は、ブラームスの楽譜を徹底的に読み、その最奥の核心と思われるものにつき当たったうえで、そこから、再び、楽譜の表面に戻ってきて、それを音に移す。これは「解釈」ということである。それも、彼は、思いきって、自分の考えたとおりを断行する。

はじめのあのh音の始まりから、最後のホ短調の主和音にいたるまで。

私は、ブラームスがこれを聴いて、どう思ったろうか、と考えてみる。それから、ブラームスの時代は、音楽をこういう具合に演奏するのが、むしろ、普通だったのではないだろうか、と推理してみる。楽譜は出発点であり、地図であって、それを手がかりに、演奏者は音楽の旅をやった。自分のもっている音楽的経験と知慧、感情、感性のすべてを投入するだけでなく、人間としてのすべてを、そこに賭けて。

フルトヴェングラーでブラームスを聴いていると、それが、幸いにして、曲ともよくマッチした行き方であった、という気がしてくる。こういう音楽は、こうやって演奏されてきたのだし、そうされることを求めていたのだ、と。

ということは、また、逆の方向からも確かめられる。この演奏を聴いたあとでは、少なくとも、しばらくのあいだ、ほかの指揮者、ほかの考え方に立った人の指揮で、この曲を聴くと、とても同じ音楽を聴いているような気がしなくなる。何から何まで、ただ表現をなぞっているだけで、曲の本当の生命は、音となって打ち出されてこないというふうに、聴こえてしまう。

ブルックナーのシンフォニー　『第七番』『第八番』

1

フルトヴェングラーの指揮した《第七交響曲》は、将来もなかなかこれを越す演奏は考えられないほどの名演という世評の高いものだし、私もいろいろな点で、それに同意するのだが、この第二楽章のコーダに入ってからの最も微妙な聴きどころの一つ(譜例1)。

これはホルンの旋律を移調して書き出したものだが、このときのリズムは、実に変わっている。楽譜にはリタルダンドという書き込みはまったくない(これはまだよく調べつくしたわけではないが、ブルックナーでは後期になるにつれて、リタルダンドとかアッチェレランドとかテンポを細かく動かす記号は見当たらなくなるように思え

譜例１

る）[1]。しかし、フルトヴェングラーは第三小節の四つの八分音符に、みんな違った長さを与える。もちろん、しだいに大きく遅くしてゆくのである。*f*からクレッシェンドして、音も上昇すると同時に、リズムは全音符にのび、量は*fff*に達する。そこで一拍休みをはさみ、もう一度*fff*があって、次の小節は*pp*である。その間にブルックナーはディミヌエンドとだけ書き込んだ。だが、さらに各音符ごとに見るといろいろの強調がついている。こういうものをどう処置するか。その仕方によって、私たちは、いろいろなスタイルの演奏を手にすることができるわけだが、そういう中で、このフルトヴェングラーがとった解決法こそ、これまで、最も典型的なブルックナー様式と考えられてきたものであった。注意しておかなければならない――ここには煩をはぶいて書き写さなかったが、ホルンの旋律には、同時にテナーとバス、コントラバスの五本のテューバが相寄って美しい和声を作っている。その和声の移りゆきは当然、旋律にニュアンスを与える。フルトヴェングラーのテンポの揺れは、その和声の陰影の裏付けとも非常に微妙に絡みあっていて、単にアゴーギク、つまりテンポの揺れ動きと音力的な伸び縮みというだけでなく、そこには音色の明暗づけをもった変化を相伴っている。実演で彼を聴いた者は、皆知っているはずだが、その微妙さは、言葉につくしがたいものだった。レコードでは、それがやや感じとりにくく、靴を隔ててかゆいところをかく想いがしないでもない。

2

フルトヴェングラーが、同じ曲、同じ楽章の中でもテンポをしきりと動かし、速くしたり遅くしたりすること。これは、彼を一度でも聴いたことのある人なら、誰だって気がつかないわけにいかない。その場合に、そのテンポの揺れが、単に旋律やリズムのうえでの単独の現象として起こるのでなくて、しばしば、和声上の動きの裏付けというか、その動きとの相関関係で生まれてくるということは、前にふれた。

そのほか彼は、模続進行その他の特定の旋律的音型がしきりと反復される場合にも、頻繁にこういう手段に出た。そうして、音型が継続的に音階的に上行してゆくときはアッチェレランドするのである。

たとえば、ブルックナーの《第八交響曲》でいうと次のような個所。こういうのはヴァーグナーの《トリスタン》で私たちには馴染みの動きだが、ブルックナーでも、

譜例２

第１楽章　第201小節

さかんにぶつかるもので、こういう場合、フルトヴェングラーはほとんどいつもアッチェレランドする（譜例２）。

逆にリタルダンドするのは、もちろん楽句の終わりであり、次の新しい楽句を新鮮に始めるためのものであることが多い。この両者は、彼の場合、ほとんど癖となっているといってもよい。

そういう個所は、ブルックナーには、いうまでもなく、非常にたくさん出てくる。したがって、フルトヴェングラーの演奏は、ブルックナーでは、特に、いかにも彼らしい癖を十分に発揮して、しかも、音楽を少しも不自然に感じさせないということになる（ちょうど、ヴァーグナーを振るときのように）。

それにしても、いま引用した例は、《第八交響曲》の第一楽章で、比較的短い展開を終えて、再現に入る前、いわば再現の予感とでもいうべき個所にあり、これは第一主題の中の一つの動機の反復形なのだが、この第一ヴァイオリンに応じ、低音のチェロとバスが、これまた第一主題の最初のリズミックな動機を反復しながら、はさまってくる。そうやって、音響は主調のハ短調のドミナントを定着させる観を呈する。

ところが、この交響曲は、実は油断も隙もない作品であって、こうやって再現に近づくように見えながら、突然変ロ短調のドミナントに方向を転換して、大きく幅広いクライマックスを作りあげる。そうしておいて、そのあとまた、これと対照する絶妙な弱音の領域をしばらくさまよった末に、やっと再現に入る。この間、先の第二〇一小節から数えても、実に七〇小節がはさまることになるのである。

こういう意味をもった音楽の動きを表現するときのフルトヴェングラーの処理は、単に巧妙とか何とかいうのでなくて、「霊感に満ちた」というほかない。

同じことは、この楽章のコーダの最後のページについてもいえる。ここは、ピアニッシモのピッツィカートを中心に書かれた音楽だが、異常な緊張感をもった結びであって、ベートーヴェンの《コリオラン序曲》、R・シュトラウスの《ドン・ファン》の結びとならんで、弱音による終末として、一度聴いたら忘れられない古典的範例と呼んでも過言ではなかろう。

フルトヴェングラーの指揮で、この曲を聴いた場合、特に強く印象に残るものの一つは、第二楽章スケルツォ（ブルックナーがスケルツォを第二楽章にすえたのは、これが最初である）で、フルトヴェングラーのとった異常な速さである。楽譜には、アレグロ・モデラートと指定してあるのだが、フルトヴェングラーのここでのテンポは、まるで、ベートーヴェンの《エロイカ》のスケルツォのそれを思わせ、アレグロ・ディ・モルトといってもよい。

だが、この異常な速さがもたらすものは、これまた並大抵の効果ではない。この楽章は、第一および第二のヴァイオリンのピアニッシモで下行するトレモランディが二小節であって、そのあとで、ヴィオラとチェロで主要主題と呼んでもよい音型（ついでにいうと、この楽章は中間にトリオをもったソナタ形式と見ることができる。ただし、どれが第二主題とはっきり決めにくいが）が出てくる。こういう発想そのものがすでに輝かしい想像力の所産にほかならないのだが、それが、この異常な速さでやられるために、さなきだに軽くて淡い音質に、夢想の中で耳をかすめてゆく音に似た感触を与える。一瞬にして飛び去る音だが、いや、おそらくそうであればこそ、何かただならない余韻、いや、残光とでも呼ぶべき味わいを残す。こういう扱いは、私はほかのどんな演奏でも出会ったことがない。フルトヴェングラーの天才のほとばしりというべきだろう。

ところで、私の所持し、いつも使っているこの曲の総譜はブライトコプフ社発行のローベルト・ハースの校訂版だが、フルトヴェングラーはこのスケルツォのいわば展

譜例3

開部の後半のこれから再現に入ろうというあたり（スコアではKからLとMを経て、Nにいたって再現に達するそのKからMまでの間）で、このテンポを緩める。そうして再現で、また前の迅速調に戻るのである。このテンポの変更を、楽章のはじめ（譜例3）をアレグロ・モデラートでなくアレグロ・ディ・モルトでやるのと同じく、指揮者の自由な解釈と呼んでよいのかどうか？　こういうところが、演奏を考える場合のよく注意しなければならない問題の一つであると、私には思えるのである。というのも、この個所は、まず、主要主題の旋律的反復みたいな音型の連続で始まるのだが、ここでは旋律の担い手は木管となる。そのあとLで弦に新しいふしがあり、さらにMで前に戻る。といっても、変形はされているが、木管中心である点は変わ

らず、しかも、その木管の響きはいかにも美しい。ここでやや遅めのテンポをとるのは、それによって、演奏家もたっぷりその美しさを出せるし、聴き手もそれをよく味わえることになるのだから、まことに適切な処置といえるだろう。だが、楽譜にはそういう指示はまったく書いてないのである。しかも奇妙なことに、スケルツォの基本的なテンポがずっと遅くとられているクナッパーツブッシュの場合でも、カラヤンの場合でも、程度の差こそあれ、いずれも、この個所にくると、音楽はこれまでの激しさから、やや平淡で、滑らかな動きのそれに変わるのである。こうして、それは、私には、いかにも音楽的論理にかなった扱いと考えられるのだが、それならば、どうして、あんなにやかましい友人知人がついていて（指揮者のシャルク兄弟その他が、どんなにブルックナーの原譜に手を入れたかは、ここで詳しくは書けないが、これは周知のことだろう）どうして、これに注意を向けなかったのか？

さて、フルトヴェングラーに戻ると、このあとのトリオの演奏は、まあ、普通である。

だが、これに続く第三楽章となると、これはもう一口では言えない演奏になる。

このアダージョ楽章での、例のフルトヴェングラー流のテンポの細かい変化は書きつくせない。一例として、この楽章のコーダをとっても、ここではホルンとヴァイオリンとの微妙きわまる交織があるうえに、さらに、テューバによる主要主題の動機に弦の低音のアクセントが、絡みあう。そういうとき、フルトヴェングラーの揺れ動くテンポは、指揮者がその棒で指示できることの範囲が限られている以上、ある声部に主力をおけば、ほかの声部はもう指揮者を見ていてはひけないことになる。したがって、正しいテンポで入ったり、進んだりしようとする各パートの演奏家たちの不安は並大抵のものではあるまい。そういう結果、だめなオーケストラなら、すべてがばらばら——とまでゆかなくとも、合奏は乱れてしまうのがあたりまえである。だが、私が聴いているレコードでは（［ドイツ盤 Electrola SMVP五〇五七〜五八］。ベルリン・フィル演奏）*、合奏の乱れるどころか、かえってそのために、異常に密度の濃い緊張が生まれてくる。これはたいへんなことである。私は、演奏家の技術を言っているのでなく、フルトヴェングラーの、一見わかりにくい指揮が、いかに、かえって楽員たちから密度の高い、緊張した美に満ちた演奏をひき出すことになるかについて、言っているのである。わかりにくいから、楽員たちはかえって非常に、緊張して、ことに当たることになる。こういうことからすれば、非常にわかりやすい指揮の仕方が、必ずしもいつも正しいやり方、あるいは最善のものではないとさえいえよう。

＊一九四九年三月一四日のベルリン・フィルとのライブ録音。CD［EMI TOCE三七八五］。

譜例４

とにかく、この演奏を聴いてみるがよい。特にスコアのO以下、弦が八分の十二拍子に書きかえられて、十六分音符の細かい音型を奏し出して以後の音楽のたかまり！

ただ残念なことに、フルトヴェングラーはこの曲の全部を通じて、ハース校訂のスコアを使用しているくせに、この楽章の二〇九小節から二一八小節だけはとばして演奏しているのである。この個所は、作曲者自身が（友人たちに勧められたのだろう）第一版を出版するとき、草稿から自分の手で削ってしまったのだが、ハースはそれをこの改訂版で復元したのである。私は、シンプソンの本で知ったのだが、ハースのここでやっていることは、厳密な校訂家としての規律からいえば、問題があるにきまっているけれども、結果というか、作曲的論理としては正しいというシンプソンの意見に、私は賛成する（詳しいことは、ここには書けない。前掲書、一七〇ページ以下参照[2]）。

これさえなければ、あと第四楽章でもフルトヴェングラーはハース版を踏襲し、しかもまったく非難の余地のない、すばらしい演奏をしているのである。特にLに入ってからの「Feierlich, innerlich」と指定された個所の、文字通り荘厳で内面的精神的な演奏の高さ。それからAa以下のアクセントの弾みのよくついた扱いの見事さ。これは私の聴いた限り、ほかのどんな大指揮者のそれに比較しても、ずばぬけて良い（譜例4）。

（1） 前に、私はブルックナーの後期の交響曲には、リタルダンドやアッチェレランドと明記した例は見当たらないという趣旨のことを書いたが、あれはまだ勉強がたりないための誤りだった。現に《第八交響曲》の第三楽章は、poco a poco accel.（第一一九小節）とpoco a poco ritard.（第一三五小節）と明記されている個所がある。もちろん、その他bewegter（より動きをもって）という指示は何個所もある。ただし、私が前に書いたのは、フレーズの内部での細かなテンポの揺れを起こさせるためのリタルダンドその他を考えてのことだったのは断わるまでもあるまい。

（2） ブルックナーの楽譜については、細かくいうとたいへんこみ入った話になる。レートリヒにしたがって、《第八交響曲》のエディションの歴史を簡単にリスト・アップすると、以下のようになる。

第一版は一八八四〜五年に、第二版は一八八六〜七年に書かれたものに準拠しているが、さらに第三版は一八八九〜九〇年に作曲者自身が書き改めたのち、一八九二年に出版された。そのあと一九三五年にこの第三版を基本としたローベルト・ハース版が出、さらに一九五五年にノヴァークの改訂版が出た。このうちはじめの二つには作曲者の自筆の原稿があり、そこでは第一楽章は明るい強い終わり方だったという。私の想像ではクナッパーツブッシュの使用したものは、この第二自筆版によるものではないかと思われる。しかし、シンプソン、それにならってデルンベルクらは、この中のハース版を決定的にすぐれたものとして推しており、前記のようにフルトヴェングラー（一部違う）、それからカラヤンなどはこれに全面的によっている。よくレコードなどにブルックナーの原典版によった演奏などと書いてあるが、この交響曲のように自筆のものが二種あり、さらに作曲家自身による改修がある場合、ただ原典版というだけでは何のことかはっきりしない。

フルトヴェングラーのケース

1

　これは先日、あるところに書いたことだけれど、この間、イーゴリ・ストラヴィンスキーが日本に来て、自作の指揮をしていったのをきいて、この指揮をする作曲家の姿がどこで接してみても、あまりにも同じなのに、強い印象をうけた。というのも、私たちは、とかくその逆のことを経験するからである。短い外国旅行などして、一生に二度とそこの土をふむかどうかわからないようなところで、ある音楽に接したときにうけた感動が、日本、ことに東京で、また同じ演奏家の手で再現された時、ずいぶん、ちがった感じをあたえる。私は、そういう経験を重ねるたびに、旅の空の下では解放されていた自分たちのしがない商売の意識が、東京に帰ってみると、また、知らず知らずによみがえってくるからかしら、それなら、私はよっぽどたわいない人間だと考えたり、いや、それほど、この東京の街の空気は、音楽に対し、よそよそしかったり、とげとげしかったりしているのだろうかととまどったりする。

こんな経験は、おそらく、外国と東京と、両方で活動したことのある音楽家のほうでも、もつのかもしれない。外国人はいうまでもなく、日本人の場合でさえ、気楽――というのでないまでも、どこか暖かい共感を放射しようとまちかまえている聴衆の体温とでもいったものを、外国でのほうが、かえって濃厚に感じとるとか。私は、まだ、誰にきいてみたわけでもないけれども。

いや、同じ日本の中でも、東京より、ほかの都市のほうが、歌いやすかったり、ピアノがひきやすかったり、という事情がある場合もありはしまいか。私は、もちろん、らくに演奏できるほうが、音楽的な高さ（?）からいっても、内容のある仕事ができると、いちがいにきめていいかどうかもと、一応の留保をつけるけれども、とにかく、公衆との共感という点で、土地柄の差というものは当然あるだろうと思っていた。

それが、ストラヴィンスキーでは、ちがっていた。そういえば、大変失礼な言いぐさだが、当代一流をもって目されているフィラデルフィア・オーケストラやハンブルクの西北ドイツ放送局のオーケストラを相手にした時も、N響を相手にした時も、彼の私の前にえがいてみせた音楽は、本質的に同じものだった。東京の公衆と、ニューヨークないしはローマ、ハンブルクの公衆とは、そのうえ、大変ちがうものなのに。

音楽家――演奏家にしても作曲家にしても――のなかには、《自分の公衆》というものを、特に、強く必要とするものと、それほどでもないものと、わけてみれば、二通りの区別があるのだろうか。

それは、また、単に、音楽会にあつまった時の人間の集団という意味での《公衆》ばかりでなく、もっとひろく、深く、芸術家として、自分の芸術を育て維持し、発展させてゆくために、特に強く、自分にあった精神的自然的風土を必要とするものと、それほどでもないものと、二通りあるというふうに考えられるのではなかろうか。

2

この間、クルト・リースという人の書いた『フルトヴェングラー』という本の翻訳をよんだが、大変おもしろかった（八木浩、芦津丈夫訳、みすず書房）。

この雑誌の六月号の後ろのほうにも、ちょっと、これにふれた文章があったから、それをお読みになった方もあろうが、要するに、この本は、戦後、四カ国連合軍がドイツを占領して、戦争裁判やら公職追放やらといった一連の仕事をはじめた時、フルトヴェングラーは、ナチスに協力したというので、かなり長い間、指揮活動を行なうのを禁止されていた。そこで、リースは、フルトヴェングラーの戦前、戦中の活動をあとづけて、その無罪をあきらかにしようとして書いたのが、この本だ、ということになる。

本の内容の紹介は、ここで、私がする必要はないだろう。原著からかなり抜萃された小型本で、手軽に手にはいるし、訳の細かいところに異論のある人もあるかもしれないが――というのは、私は東大の丸山眞男さんと話をした時、さすがに学者だけあって、ちゃんとテクストと読みあわせていて、何ページのどこは、本来、何という訳をつけるべきだと、細かく教えられたのだが――、訳そのものは、大変読みやすくできている。

まあ、それは、それでいい。

周知のように、フルトヴェングラーは、一九三三年以来のナチ政権の成立から、戦争のほとんど全期間を通じて、ベルリン・フィルを中心に、ヨーロッパで華々しく活動していた。そうして、その間、ナチからの政治的宣伝目的に使われることは堅く拒否したり、ユダヤ人排撃には手ごわく抵抗したりしながらも、戦争の終わり近くまで、ドイツにいた。これが多くの人びとの憤慨をかい、戦後連合軍から調査されるにいたったわけである。

ところで、この本のなかでのクライマックスの一つは、このフルトヴェングラーが、戦争勃発の寸前の一九三七年、ザルツブルクで、トスカニーニと出会ったくだりである。

トスカニーニは、フルトヴェングラーと逆に、ムッソリーニ・ファシスト政権と喧嘩して、早いころ、すでに、アメリカに渡ってしまっていた。この彼の態度には、実に、徹底的なものがあり、たとえば、彼は、単にイタリアを見すてたばかりでなく、「一九三六年の秋、パレスチナに行って、ブロニスラフ・フーベルマンによって創設され、ほとんど例外なしにドイツの亡命者たちから成るオーケストラの指揮をした。そして、そこの慣れない気候はひどく苦手だったにもかかわらず、二年の後、彼は再びパレスチナに行った」。トスカニーニにとっては、これは単なる演奏旅行ではなくて、示威運動だったのである。一九三八年の第二回パレスチナ旅行の後、ある人が、彼に、なぜあんなに遠くまで行ったのかと尋ねたとき、彼は、「人類のために（Per humanità）と答えた」。

だから、トスカニーニには、当然、人類全体を暗黒な蛮行でつつもうとしていたナチに依然ふみとどまっているフルトヴェングラーが不可解であり、ゆるせなかった。

その二人が、一九三七年の夏、ザルツブルクの音楽祭に、ともに指揮しにやって来て、顔をあわせた。この時の二人の対面については、リースによれば、幾通りかの記述があるのだが、そのうちで、私に一番本当らしく思えるのは、本書に引用されているオットー・ツアレックの〈名声と恥辱〉からの一節だ。

「フルトヴェングラーが数回の客演演奏会のためにザルツブルクにやって来た時、彼は同僚たちから暖かく迎えられた。ただトスカニーニのみは、彼がナチ政府の代表者であることに我慢できず会うことを避けた。この二人が、よぎない事情で顔をあわせることになったとき、フルトヴェングラーはトスカニーニに、彼の『ニュルンベルクの名歌手』のすばらしい演奏を心からほめたたえた。

「これに対しトスカニーニはまったく冷たい返答をかえした。『御挨拶をそっくりおかえし申したいところです。私は、自由な考えをもつすべての人間を迫害する恐ろしいシステムに甘んじられるような者が、ベートーヴェンをまっとうに演奏できるものではないとつねづね考えています。あなた方ナチスの人びとは、精神の自由な表明を全部おさえつけ、許したものといえば、力のゆがめられたリズムと、これ見よがしのお芝居だけだったではありませんか……《第九》は同胞愛のシンフォニーであること

を考えてください。〈百万の友よ、相抱いて〉の言葉を書きおろしたのも、この言葉

を音楽にしたのもドイツ人であったことを忘れないでください。この人類に向かっての力強い呼びかけを本当に指揮した人なら、どうしてナチスであることに甘んじておれましょうか』」といったというのである。

しかし、リースはフルトヴェングラーからきいたといって、別の説をつけ加えている。

「トスカニーニは、フルトヴェングラーはもう二度とザルツブルクで指揮すべきでないといった。『今日の状勢下で、奴隷化された国と自由な国の両方で同時にタクトをとることは芸術家にとり許されません。』

これに対しフルトヴェングラーは、『もし、そうすることによってあなたがザルツブルク音楽祭のための活動をつづけてくださるなら、私は喜んでもう二度とここへ来ないつもりです。しかし、私自身は、音楽家にとっては自由な国も奴隷化された国もないと考えてます。ヴァーグナーやベートーヴェンが演奏される場所では、人間はいたるところ自由です。もしそうでないとしても、これらの音楽をきくことによって自由な人間になるでしょう。音楽は、ゲシュタポも何ら手出しできない広野へと人間を連れだしてくれるのですから』。

『私が偉大な音楽作品を指揮し、それが、たまたま――そこには何ら内的関係はないのですから――ヒトラーの支配下にある国で行なわれたからといって、それで私はヒトラーの代弁者だということになるでしょうか。偉大な音楽は、ナチの無思慮と非情とに対し真向から対立するものですから、むしろ私は、それによってヒトラーの敵になるのではないでしょうか。』トスカニーニは頭をふった。『第三帝国で指揮する者はすべてナチです！』

『すると、あなたは、芸術というものはたまたま政権を握った政府のための宣伝、つまりそのかざりものにすぎないとおっしゃるのですね。ナチ政府が勢力を占めれば、私は指揮者としてもやはりナチであり、共産主義の下では共産主義者、デモクラシーの下では民主主義者となるわけですか？　いいえ、絶対にそうではありません！　芸術は、これらのものとは別の世界に存在するものです。それはあらゆる政治的偶発的な出来事の彼岸にあるのではないでしょうか。』トスカニーニは再び頭をふって答えた。『私はそう考えません。』これで話合いは終わった。」

以上が、フルトヴェングラーの側から出た情報によるその日の模様である。

私の勝手な憶測では、これは、フルトヴェングラーが、現実にいったことではなくて、彼があとになって、こういうべきであったと考えたこと、あるいはその時こういいたかったことではなかったろうか。

　私の知る限り、ドイツ人は、どうも、ある面で他人の心を甘くみるというか、お人よしのところがあって、トスカニーニが断乎として自分に会いたがらないことを知っていても、つい、演奏に感心するとのこのこでかけて行って、「おめでとう。感心しました」などという。そうして相手に、がんと拒否されると、もう、つぎの言葉がでない、といったふうだったように思われてならない。

　しかし、私のあやふやな憶測は、いずれにせよ、問題の核心ではない。それに、フルトヴェングラーが、たとえ、その場で、リースの引用のようにいえたにせよ、いえなかったにせよ、彼は、こう考えていたことは、認めてよいと思う。

　リースは、これにつづけて、自分の見解として、こうつけ加えている。

「大切なのは、ここでは主観的見解の違いだけが問題なのであって、どちらが実際に正しかったかは別問題だということを忘れないことだ。実際において正しかったのは、もちろん、トスカニーニであった。そしてそののち数年間にわたり、彼の正しさを証明することとなった。なぜなら、独裁政治の内部には、現実を超越した自由などありえないのだから。

しかし、より高い意味で、いや最高の意味でどちらが正しかったかということについて果たして疑問の余地があったろうか？　芸術の最も深い真理が、この二人のどちらにあったかについて、疑問の余地があったろうか？

フルトヴェングラーは、実際には自由でいることのできなかった独裁の中にあってさえ、自己の自由を感じていることができたのである。なぜなら、彼の真実の世界、内面の世界、音楽の世界には、ヒトラーもなければ、ムッソリーニもなかったのだから。」

3

さて、どういうものだろう？　実際に正しかったのは、トスカニーニであるというリースの言葉に疑問はない。しかし、そのあとは、どうだろうか？　リースは、後段にいたって、前段でいった、大切なことをわすれてしまったようだ。

私は、問題は、ドイツ人の世界観にあると思う。ドイツ人は、文明と文化を、きびしくわけることをはじめた人種である。文明とは、技術的進化にともなって、私たちの生活に便宜をもたらす手段であり、経済も政治も、また、その便宜の配分と公正をつかさどる方法にすぎない。

しかし、「人はパンのみで生きるものではない」。リースが「真実の世界」「内面の世界」とつづけて書いているのは、実に特徴的なことであって、真実の世界は内面の世界であり、内面の世界は、また、真実の世界なのだ。それは、また、さらに、自由——芸術が実現しようとしている自由——の世界でもある。

ドイツ人にとっては、政治、つまり便益の世界では、何か自分たちの意にそわないことが起こっていても、それを見逃して暮らすことが可能なのだ。それが、精神・文化の世界を冒してきさえしなければ、政治は不可避の悪として、許容される。世界第一流の頭脳と教養の士のいたドイツ、あれほどすぐれた知識階級と芸術家のいたドイツで、ナチスが、比較的短時日に、それも、何とも野卑なものすごく低級な手段で、政権を奪取できたのも、このことと無関係ではありえまい。現に、フルトヴェングラーは、その典型的な例である。彼は、ナチが政権をにぎってもまだ、自分の身辺にどんな変化が起こるか、あまり、真剣に考えたことがなかった。

地中海のルネサンスとヒューマニズムの伝統をもったイタリアの音楽家トスカニーニは、それを、いちはやく、見破り、見通した。それだけでなく、それに、全力をつくして抵抗し、それが許されないとなると、たちまち国外に出てしまった。

アメリカは、ニューヨークは、彼を暖かく迎え、ニューヨーク・フィルハーモニーの常任指揮者の位置を与え、ついでＮＢＣ放送局は、石油会社のスポンサーのもとに、トスカニーニのための、世界からえりすぐったプレイヤーをそろえて、ＮＢＣ交響楽団を提供して、彼の自由にまかせた。

フルトヴェングラーの二重な、曖昧な態度は、おそらく、フランスで、イギリスで、オランダでなら、充分に、許される余地があったろうが、ナチス・ドイツには、トスカニーニのいった通り、精神の自由などなくて、奴隷にされた国民の塊しかなかった。ところで、私は、この先に、もう一つ、問題があると思う。

4

フルトヴェングラーは、自分が、ドイツに残って指揮しつづけることについて、もう一つの理由をあげている。

トスカニーニが、ナチに奴隷化された国で指揮棒をとるものは、ゆるせないといったのに対し、彼はこう答えた。

「私は、世界の多くの人びとが、そう考え、友人の多くさえ、なぜ私がドイツに留まるのか理解できないのを知っていた。個人的利益のためだと、真向から非難する人びとも少なくなかった。もちろん、それが事実無根であることは、私自身が誰よりもよく知っていた。しかし、私がドイツにあくまでも踏みどとまらねばならぬということは、あらゆる理由をこえ、あらゆる有罪無罪の問題をこえて、ゆるがぬ私の信条であった。

かつては、キリスト教がわれわれの共通の故郷であった。だが、この信仰が背後に退いた後、あとに残るのは国家だけである。なぜといって、音楽家にとっては、やはり一つの故郷が必要なのだ。」

音楽家にとっては、やはり、一つの故郷が必要なのだ。

「たとえヒトラーと共感するところがどんなに少なかろうと、私は、ドイツと最後まで運命を共にしようと思ったのだ。世界における、または世界に対しての私の立場などは、けっして、そして最も決定的な問題ではなかった。」

だから、亡命など、ほとんど逃避にすぎない。

こう、フルトヴェングラーは、考え、そうして、行動した――とリースは記述している。

ナチの当時、個々のドイツ人がどうふるまったか、また、当時の一般市民の知的生活はどういとなまれたか、これを私たち、外国人が知るのは、容易なことではない。想い出は多かれ少なかれ、すべて苦々しいものにちがいないし、私たちが無躾けに、不用意に、きくことを許されぬものが、まだ、ドイツに行ってみると感じられる。しかし、ナチに内面的な抵抗を感じ、社会的にも、それを何らかの形で表明していた――たとえば、ユダヤ人と公然と交際し、それを助けていた人たちでさえ、そうして、フルトヴェングラーの立場を、苦々しい目でみていた人たちでさえ、彼の指揮下のベルリン・フィルをきくのが、ほとんど唯一の芸術のよろこびであった人たちは、意外に多かったらしい。

参考のためにかけば、美術の展覧会は、もうほとんど問題にならなかった。昔の《名画》をのぞけば《現代画家》は、ほとんどみな沈黙していた。それも、発表を許されないというなまやさしいものでなく、どだい、絵をかいてはいけないのだった。画家たちの住まいには、いつ、ゲシュタポが臨検にくるかわからない。そうして、一枚でも新しい絵があったら、たちまち逮捕された。彫刻家のバルラッハのような場合は、彼の作品が、倉庫の中にしまってあっただけでも、美術館は閉鎖され、責任者は処罰された。世に出ているものは、文字通り、御用画家ばかり。

文芸も同じことである。ただ、画家に比べて、文学者や音楽家の亡命者が多かったのは、外国に行っても、生活できるものが多かったためだろうか。とにかく、画家たちは、まったく絵筆をとらず、極度の貧困と窮乏のなかで、ただ耐えていた。

それほどでない市民たちにしても、とにかく、音楽は唯一の楽しみだったらしい。フルトヴェングラーのベートーヴェンやブラームス、ヴァーグナーは、数えきれないほど多くの人びとにとって、干天の慈雨にほかならなかった。一枚の切符を手に入れるためには、よほどの努力を払わなければならなかったが、そういう苦労は、この演奏会が意味するものにくらべれば何ものでもなかった。

フルトヴェングラーは、音楽は、政治のそとにあり、精神の自由を内面の世界に実現することによって、政治に超越し、ある場合にはそれに対立する、と考えていた。ということは、しかし、気をつけなければならないが、音楽は内面だけのものであるという意味では、まったくないのである。

「芸術と政治とは何の関係もないと、人びとは口ぐせのようにいう。何とまちがった考えだろう。芸術も政治も、真空では存在できないということがわかってないのです。双方とも働きかける人間が必要です。公衆が必要です。

音楽は何より共有体験でなければならない。公衆のない音楽とは、存在不能でしょう。音楽は、聴衆と芸術家との間にある流動体です。音楽は、建築物でも、抽象的発展でもなく、生きた人間の間に浮動する要素です。そして、この運動により意味をもつのです」と、フルトヴェングラーは、リースに語っている。

これと、彼のトスカニーニに対する返事とは、矛盾するだろうか、しないだろうか？　矛盾するとみたのがトスカニーニであり、フルトヴェングラーはしないと考えた。

彼が、《公衆》という時、《生きた人間》という時、そこでは、すでに、政治ではおおいきれない存在が考えられていたのだ。もし、図式的にいえば、人間には三つの層があり、それは、おそらく精神・政治・郷土（自然）ということになろう。フルトヴェングラーには、そのうちの中間項が、最も影のうすい存在のあり方だった。ナチであろうと、民主制であろうと、ドイツはドイツなのだ。そうして、ベートーヴェンとシラーをうんだのは、このドイツなのだ。ナチは、それをゆがめ、ゆがめることによって、ドイツを滅亡の淵までおいやった。やがてヒトラーは、自殺の寸前に呟くだろう「ドイツ人どもは、私の理想を達成するにしては、あまりにやくざだった」と。

しかし、フルトヴェングラーは、そのドイツから、離れることができなかった。なぜなら、彼は音楽家として、公衆を必要としたからであり、公衆のいるところが、彼の郷土であると同時に、彼の存在理由だったから。彼の音楽はドイツの演奏家と共演し、ドイツの音楽的聴衆との交流において、一番見事に実現した。彼のあやまちは、おそらく、その《公衆》が、実は、ナチの下では、危険に瀕していたことを、いつまでも、見破れなかったことにあったのかもしれない。

トスカニーニには、それができた。できたということは、彼が、ファシズムに反抗し、イタリアの郷土とイタリア人を見捨てることができたということだ。彼の芸術が、当時のヨーロッパ音楽の演奏に革命的なものをもたらした様式によっていることと、これが果たして、無縁だろうか？　あの、曖昧な伝統的解釈をすてて楽譜への最高度の忠実さをもったイン・テンポは、抽象的にいえば、どんな国、どんな場所でも実現できるべきものだ。

私は、もちろん、そのどちらを是とし、非とすべきでもないと思う。しかし、芸術家は、国外に亡命できない、亡命すべきではない、というフルトヴェングラーの思想は、私を打つ。

ドイツの画家たちは、ごく少数の例外をのぞいて、ほとんどすべて、国内にのこって、沈黙していたという事実。画家は、いわば、民衆のなかに、もどっていって、そのなかにとけていった。

フルトヴェングラーは、それがゆるされるには、あまりに、ナチにとって利用価値がありすぎた。彼は、沈黙することさえ、許されなかった（フルトヴェングラーが、どんなにナチから与えられた名誉や地位を、つぎつぎにすてていったかは、リースの本に、くわしい)。しかし、彼は、沈黙できなかった。ナチばかりでなく、周囲が、見すてられたドイツ人たちが、それを許さなかった。フルトヴェングラーは、時とともに、不幸な人間になってゆく。彼は「ドイツで演じられていた出来事の全部を知っていたわけではなく、強制収容所の内部でなされた残虐行為など爪の先ほども知らなかったのだが、しかし彼は、あれこれの理由で、ナチどもの気にいらない美術館長や指揮者、映画監督や歌手、俳優や画家などがすべて追放された事情はくわしく知っていた。そしてフルトヴェングラーは、こんな非道なことがドイツで行なわれたことを恥ずかしく思い、顔を赤らめた、あの良心的な多くのドイツ人の一人であった。しかも、彼はこの極悪無道な行ないに対する責任の一斑を背負わされたのだから、この恥辱を二倍にも三倍にも痛切に感じないわけにゆかなかった」。

「それでもあなたは、ドイツに留まったことを遺憾に思ったことはなかったのですか?」とリースにたずねられた彼は、こうこたえている。「遺憾に思うかですって?私は、自分がそれを遺憾としているか、いないかなど、考えてみたこともありません」と。

5

私が指摘するまでもなく、今世紀の芸術には、非常に多くの亡命者がみられる。こと、音楽でいえば、二十世紀前半の代表的な音楽家では、演奏家は別としても、亡命か強制収容かの経験を嘗めなかったものを数えるほうが、手っとりばやいだろうと思われるくらいだ。シェーンベルク、バルトーク、ストラヴィンスキー、ヒンデミット、ミヨー、クシェネック、メシアン、ダラピッコラ等々。二度の戦争は、音楽家の生涯を、決定的にゆさぶった。ヴェーベルンやベルクは後年非常な窮乏のうちに、早世した。プロコフィエフも、かつては、祖国を離れていたし、ストラヴィンスキーにいたっては、二度、亡命したというべきかもしれない。その結果は、どうか。もちろん、これを一口にいうことは、無謀であり、大雑把な議論すぎるが、誰にとっても、亡命が一様に苦しい体験であったろうことは、疑問の余地がない。

そのうえ、奇妙なことに、幸いにして戦争に生きのびた音楽家で、完全に祖国にまいもどり、そこに住みついた音楽家が、比較的すくないのは、どういうわけだろう？しかも、異郷では少数の例外をのぞき、それぞれ、みな生活も苦しかったらしいのに。セルジュ・モルーの『バルトーク』（柴田南雄訳、ダヴィッド社）によれば、アメリカであんなに貧乏暮らしをしていたバルトークは、戦塵がおさまったハンガリーからよびもどされた時、「ナチやファッショのけだものどもが退治されたといっても、代わりにはいってきたロシア人が天使だと思ったらまちがいだろう」といった趣旨の返事を出していたそうである。

また、ミヨーは、今でも、パリ音楽院とサンフランシスコ近傍バークレーのミルス・カレッジの間を、交替で教授している。これは、何か、亡命当時の恩義とかないしは報酬が非常にいいとか、ないしはあすこは名うての健康地だからとかいう理由だけでそうしているのだろうか。

それに、戦後ヨーロッパに戻った人が、再び、そこに祖国を見いだしたかどうかも、にわかに断定できないふしがある。アメリカに亡命し、そこからナチス・ドイツを攻撃しつづけた文学者トーマス・マンは、ドイツで国内亡命の形でいのこり、辛酸をなめた人びとから、戦争が終わってから、手ひどい非難をうけたはずであるし、現に、私の知る限り、戦中・戦後の世代のドイツ人は、彼にほとんど関心をもたなくなってしまっているようだった。

また、こういう人たちの亡命先での仕事の質における変化を、ただ、受けいれ先――主としてアメリカ合衆国だが――の芸術的風土の未熟とかその他の条件のせいにだけおしつけてもよいものだろうか?

私は、初めにもどる。ストラヴィンスキーの指揮は、なぜ、ニューヨークでも、ローマでも、ハンブルクでも、東京でもあれほどまでに、同じような印象をのこすのだろうか? これが、当然なのか。それとも、ヴィーンできいた歌は、東京でちがってひびくのが、当然なのか? また、なぜ、ほとんどすべての土地に、外国人には、その理由のわかりかねるような人気をもった芸術家がいるのだろうか?

芸術と政治　クルト・リース『フルトヴェングラー』をめぐって

丸山眞男
吉田秀和

フルトヴェングラーとトスカニーニ

吉田　ぼくは、なんといってもこの本で問題が集中的に出てくるのは、フルトヴェングラーとトスカニーニの対面のところだと思うんです。トスカニーニは、非常に清潔に、さっぱりと、イタリーをすてて国外に出ちゃったんですね。それは、音楽家としてのトスカニーニがやってきたことと首尾一貫していると思うんです。中心は二つあって、一つには、ファシズムがきらいだから出てしまった、もう一つ、フルトヴェングラーとちがうところは、聴衆に対する態度なんですね。ファシスト・イタリーにだってやっぱりナチ・ドイツ同様、ほんとうの音楽好きの公衆は存在した。その人たちに対する態度がフルトヴェングラーとトスカニーニとではちがっていた。トスカニーニは、いわば未練なく、その人たちを捨てちゃったんですね。そして、ニューヨークへ行っちゃって、そこで世界一流のニューヨーク・フィルハーモニーと演奏する、そのうちには、ひとえにトスカニーニのために一流のプレイヤーを集めたすばらしいNBCオーケストラが編成されて、ラジオと公開放送演奏会で、万事彼の思うとおりにやる機会を与えられる。まあ、彼は外国にいても、音楽家として立派な活動ができた。ところがフルトヴェングラーにはそれができない。現に、この本によると、ニューヨーク・フィルの常任の位置にトスカニーニから推薦されたが、結局ゆかないでしまった。そこに、この二人の指揮者としての性質のちがいが端的に出ていると思うんです。トスカニーニという人は指揮者として革命的な人なんですが、それはつまり、一口に言って、楽譜に忠実にやる行き方ですが、御承知のように楽譜は音楽的思考の記録としてけっして完全なものじゃない。早い話が、フォルテといいアレグロといっても、どのくらい強く、どのくらい早く弾くか。楽段の区切りでテンポをどうもってゆくか。たとえばベートーヴェンならベートーヴェンの場合はアレグロといってもハイドンのそれとちがう。そういう伝統があり、それが受けつがれつつ演奏家の個性による変化をうけてきたんですが、トスカニーニは、簡単に言えばそういうものを一切無視しちゃって、あくまでも譜面どおりにイン・テンポでやる、その点で非常に科学的である、あるいは合理主義者であるといってもいいと思う。トスカニーニのそういう演奏は、いわば機械化され能率化された世界にぴったりなんですね。イタリーであろうとアメリカであろうとパリであろうと、世界のどこに行っても通用するんです。フルトヴェングラーの場合はまさにこれと反対で、ドイツの聴衆に聴かせるときが、その音楽がいちばん生きてくる。そこには、同じ音楽的伝統で育った公衆が必要である。フルトヴェングラーにとっては演奏が抽象的に存在するのでなくて音楽を共鳴し理解する公衆が必要なんで、その理想的なものは、彼と同じ伝統をもったドイツの公衆でなくちゃならない。そのつながりを重要視するからこそ、政治のある部分には目をふさいでもドイツに残らざるをえなかった。そして、これは、ドイツの芸術家の典型的な態度の一つじゃないかと思うんですけど……。

つまり、イタリーの芸術家であるトスカニーニが背負っている、ルネサンス以来のヒューマニズムというものは、非常に普遍的な理性的な態度で、どこへ持って行っても通用するんですね、ところがドイツのほうには、非合理的なものがある。それに、ドイツ人のようにツィヴィリザツィオン（文明）とクルトゥーア（文化）とを分けて考えて、クルトゥーアの独自の領域に対する信頼が非常に強い……。

丸山　今言われたフルトヴェングラーとトスカニーニのちがいという点ね、――私は吉田さんのように二人の指揮に実際に接したこともないんですけど——私が前から感じていた点がそう見当ちがいでなかったことが今の話をうかがってわかって、安心しました（笑）。

この書物で私が感じたのはですね、フルトヴェングラーの場合には、ドイツの国土とドイツ人との一種の運命的な連帯感情をもっていることと、もう一つは、ドイツ文化の伝統は一時期の政治形態などによって押しつぶされるようなチャチなものではない、もっと深く永続的なものだという確信があると思うんです。もちろんそれは、固陋な意味での国粋主義的なものではなく、ドイツ文化は当然全人類に属し、全人類に開放されているべきものだということ、したがってドイツ音楽の本質は、作曲家ないし演奏者がユダヤ人であろうがなかろうが、それで左右されるものではない、その意味では、普遍人類的なものだということを、フルトヴェングラーは、何度も言っているし、またその態度でナチの時代も貫いたわけです。にもかかわらず彼がしばしば「共同体的体験《ゲマインシャフツ・エルレーベン》」と言っているようなドイツ国民との運命的なつながりと、それから、ドイツ文化を通じて世界の人類に貢献することが、ドイツを離れては自分にはできないんだ、というその確信がいつも流れている。トスカニーニの場合は、もちろん、ヴェルディとかプッチーニとかいうイタリー・オペラの伝統をうけついで、そういうものを誇りにしてはいますけれども、それはやはり、フルトヴェングラーが、ドイツ音楽——ドイツの伝統とむすばれているというのとちがうんじゃないか。つまり文化的伝統の背負い方ですね、それが、フルトヴェングラーとトスカニーニとではちがう。

ですから、なによりトスカニーニとのちがいは、音楽と政治のかかわり方に対する考え方のちがいだけではなしに——それはまたあとで話になると思いますが——、それを越えて芸術家としての資質自体がくいちがっていますね。例のザルツブルグでの三七年の会見内容についてはいろいろ異説があることが、この本でもわかりますが、たとえば、一七八ページに引用されているオットー・ツァレックの書物のなかで、トスカニーニがフルトヴェングラーの演奏したベートーヴェンの第九について、「この作品に現われるあらゆる高貴なものをあなたはすっかり抑圧し、あらゆる騒々しいもの（alles Laute）を必要以上に強調しました。おそらくあなたはこれらの個所を『ダイナミックな部分』だとおっしゃるのでしょう」と痛烈な言葉をたたきつけていますね。このとおり言ったかどうかは疑問ですが、実質的にこれに近い感じをトスカニーニが抱いていたのじゃないかしら。しかし、少し別の観点に立てば、フルトヴェングラーの第九ほど——私はレコードでしか知りませんが——あのなかの「高貴《エーデル》」なものを十分に引出している演奏はないとも言えるので、フルトヴェングラーに率直にいわせれば、トスカニーニ的な演奏こそ不当に「ダイナミック」だと感じるんじゃないか。また吉田さんの言われた楽譜に忠実な解釈という点についても、フルトヴェングラーは、「作品解釈の問題」という論文のなかで、原譜をいくら調べたってフォルテやピアノの本当の強度、または正確なテンポはわからない、それは演奏される空間に応じ、また使用する楽器の編成や大きさに対応して制約を受けるものだ、とくにドイツ古典作曲家の演奏記号は、作曲全体の意味を生かすために付けられた本来 symbolisch なものだ、ということを強調していますね。だから、この二人のアプローチの仕方はいわば芸術の——いや学問にも通ずるところがあるんですが——根本の感受性のちがいで、ほとんど運命的な対立だと思うんです。かといって、一方を客観主義的、他方を主観的あるいはロマン的というふうに簡単にいえない。トスカニーニの演奏ほど巨大な主観性をもったものは少ないし、他方フルトヴェングラーも明確な形態性に到達しない情感の氾濫をきびしく斥けているのですから……。むしろフルトヴェングラーが強調していること——一方で「様式」にこだわる擬古主義的傾向と、他方でやたらに作品を現代化しようとする傾向とは、創造的精神の衰頽という同じ徴候の異なった現われ方にすぎない、という考え方はトスカニーニの根底にもあるような気がします。こういう共通の要素が実際に演奏に現われた結果ではまったく対蹠的なものとして出てくる——そこのところがぼくには実に興味があるんです。それがまさに音楽と政治のかかわり方の場合に、やはり二人の共通性と対立性の契機をなしていると思います。この場合も、フルトヴェングラーの考え方が「非政治的」でトスカニーニが「政治的」だというふうには必ずしもいえない。むしろ、フルトヴェングラーが、「芸術と政治とはなんの関係もない、と人々は口ぐせのように言うが、なんという間違った考えか。少なくとも音楽と政治は真空では存在できない」と言い、つづけて「非政治的であること・超政治的であることに音楽の政治的使命がある」(訳四四ページ)というパラドックスを述べていますが、こういうように、政治にたいする芸術の自律性の確保がすなわち芸術の社会的役割を保証するのだという原理的な命題については二人はまったく一致しているわけです。にもかかわらず、こういう音楽と政治の逆説的な関連を、現実政治に対する態度決定の仕方にまで具体化して行く際に、しばしば二人はまったく反対になってしまうんですね。ですからフルトヴェングラーによれば、第三帝国で指揮する者はみんなナチだというトスカニーニの考え方は芸術をもって時の政権の宣伝と見るナチの考え方を奇妙にも反対の立場から継承しているじゃないか、戦後のアメリカも「ヒットラーの馬鹿げた芸術観と政治観を身につけているじゃないか」(二八一—二ページ)ということになる。ところがトスカニーニはどこまでも、奴隷の国には芸術の自由も創造性もない、問題は奴隷国か自由国かの二者択一だと考える。こういうふうに、トスカニーニとフルトヴェングラーの対比は、一つは音楽家としての資質からくる芸術自体の感受性の問題として、もう一つは音楽と政治の関係の問題として考えられるんですが、その二つがまた内面的に関連していて、共通性から対立性が出てくるところがパラレルなんじゃないかという感じをもつのです。

フルトヴェングラーの悲劇

吉田　トスカニーニは、フルトヴェングラーのような態度をした人間にベートーヴェンを演奏できるわけがないと言いますけども、フルトヴェングラーは、反対の意見を持っていた。そもそもベートーヴェンの中にそういう二面があったと思うんです。ベートーヴェンの音楽というのは、革命を起したフランス人がかいたのじゃなくて、ヨーロッパでもいちばん反動的な、メッテルニヒの支配下のオーストリーでかかれた。だからフルトヴェングラーが典型的に示しているものは、まさにそういうふうにしか出せない形をもっている。フルトヴェングラーのほかにやりようがないし、やったらフルトヴェングラーじゃなくなっちゃうような気がするんです（笑）。
もちろん、アメリカでベートーヴェンがよく演奏されないとかなんとかいうことじゃなくて、演奏と作曲というのは、もっとちがった問題を含んでいるわけですからね。しかし、やっぱり音楽が政治につながっているそのつながり方には、とっても微妙なものがあるような気がするんですけれど……。それからもう一つは、亡命という問題ですね、これは二十世紀の芸術が直面した一つの共通の問題だと思うんですが、クレメンス・クラウスやギーゼキングの場合と対照的に、シェーンベルクもバルトークも、ヒンデミットもダリウス・ミヨーも、みんな戦争によってヨーロッパから追っ払われています。いちばん早い例はストラヴィンスキーですが、あの人はもうロシア革命のときから国に帰らないでいたし、ナチのときはアメリカへ行っていて、亡命経歴がいちばん長いわけです。フルトヴェングラーの場合は、一種の国内亡命の形をとったと思うんです。そういう外面的理由だけじゃなくて、内面的にも、彼の物の考え方、世界観から来ているのは、さっきのとおりですけど。

だけども、彼がはたして亡命してよかったかどうかということはわかりませんね、ぼく、ドイツへ行ってみて、ほんとにそれを感じたんです。つまり、もっと話を拡げちゃうと、パステルナークの問題までつながると思うんです。結局パステルナークだってソヴェトにおける国内亡命者の立場に近いのじゃないかしら……。

丸山　今お話の出ました亡命ということは、必ずしもフルトヴェングラーだけでなく、当時のドイツの学者や芸術家がすべて当面した大問題ですね。ピアニストのヴィルヘルム・ケンプがやはり、さっさとアメリカあたりに亡命して恵まれた生活をしたあげくわれこそ自由の戦士だという顔で意気揚々と戦後帰って来た人々のことを皮肉っているのを、どこかで読んだ記憶がありますが、どうもそういう深刻なもつれがあちこちにあるようですね。フルトヴェングラーについていえば、むろん彼ほどの人ならどこへ行っても最高の待遇で迎えられると思うんです。ところが、大多数のドイツ人は、どんなひどい政治的状況にあろうと、そう簡単に亡命できない。そういうドイツ人とどこまでも共同の運命を担おうという考え方、——これは「共同体体験」という彼の音楽観と関連しています。さらにですね、自分が行ってしまったらそのあとの真空を誰が埋めるか、その埋め方によっては、狭い意味ではドイツの音楽界に、広い意味ではドイツの公衆に、非常に多くの災厄が及ぶ、そういうことに対する非常な配慮があったと思うんです。じっさいに、この本によれば、彼は多くのユダヤ人や、個人的に彼に頼って来た人たちを献身的に助けていますね、そういう人たちにとっては、フルトヴェングラーはナチの手から弱い者を守るために立ちはだかった大きな翼であったわけです。ところが、その蔭に弱い人たちをかくまってやれる翼というものは、それが大きいだけに不可避的にナチとの接触を深め、そこからナチへの妥協を彼に強いたのじゃないか、そう考えると、ぼくはフルトヴェングラーに非常に悲劇的なものを感じますね。

吉田　そうですね、これは非常に悲劇的なケースだと思いますね。しかし、ナチが近代国家としてのエトスを蹂躙したそのやり方の苛酷さというものは、非常なものだったと思うんです。ですから、トスカニーニが責めるその理由というのは十分認められると思うんです。それに、実際、残ることができずに亡命した人というのは、ただ、不愉快だから出て行くというんじゃなくて、もっと切実な理由があったと思うんです。

丸山　そりゃそうだと思いますね、ですからそこがむつかしいところですね。それに、この本を読んで感じましたのは、フルトヴェングラーは、驚くほど、政治・社会情勢について無知なんですね、「いきなり、ナチがキノコのように大地から生えてきた」と言っていますが、じっさい彼の実感だったと思うんです。ラジオも持たずほとんど新聞も読んでなかったんですね。だから、ナチの政権獲得のすこし前にヒットラーとも会っているんですが、ほとんど何の印象も残っていない。まさかあんな男が……というわけで、非常にナチを甘く見ていた。これは、フルトヴェングラーだけでなく当時のドイツのインテリ、それも第一級のインテリに共通に見られる傾向なんです。一九三〇年頃から三三年頃にかけて、哲学、社会科学などの雑誌を見てわれわれが最も驚くのは、ナチというものを真正面から分析の対象にしたものがほとんどないということ、つまりまったくバカにしているわけです。あの無学で野蛮な乱暴者どもというう感じでしょう。そういうことで、自分は「高級」な哲学なり社会科学の研究に専念していた、ある朝に気がついてみたら、ナチの支配下にあった、というわけです。これはフルトヴェングラーの問題だけじゃなく……。

吉田　フルトヴェングラーは、それを典型的に示している……。

丸山　そうですね。それからもう一つ、フルトヴェングラーの悲劇は、さっきの問題にかえるんですが、「芸術と政治とは真空に存在するのでなく、ともに……働きかけるための公衆が必要なのです」と言っていますね。原文ではこの公衆というのはPublikumとなっている。「プブリクム」には、音楽会の「聴衆」という意味と、いわゆるパブリックという意味とがあるわけで、フルトヴェングラーがあちこち使っている場合もその両方を含めているようですが、いずれにしてもそれはたんなる「マス」(大衆)ではなく、むしろ範疇的にはその対立物ですね。マン・イン・ザ・ストリートではなくて、ドイツ文化の担い手としてのいわば積極的な市民――そういうものとの「共同体の体験」をフルトヴェングラーは考えていた。ところがナチというのは、まさにパブリックをマスに徹底的に解体しちゃったところに支配を打立てた。ですから、公式的な言い方になっちゃうけれど、第一次大戦後のドイツには、ミルズなどが言っている公衆共同体（community of publics）から大衆社会（mass society）への変貌がとくにドラスティックな形で起ったのに、その基盤の変化を見抜けなかったところに、フルトヴェングラーの致命的な錯覚があったというほかないんです。これもむろん彼だけのことじゃないですけれど、少なくともフルトヴェングラーを支えて来た、また彼が音楽を通じて働きかけようとした、そういう積極的なパブリックというものは、現実にはもう解体されていたんですね。

ドイツとドイツ人

吉田　今、丸山さんのお話をうかがって感じたんですけれども、そういう政治的状況ですね、それが、フランスで起ったのでもイギリスで起ったのでもなく、ドイツで起ったということですね、そこに、ドイツ文化の本質的な一面が出ているのでないでしょうか。

丸山　もちろん、現代という時代の普遍的な面と、ドイツ文化の在り方と、両方にかかっているわけです。その問題について、トーマス・マンはルッターにまで遡っていますね、今度の戦争直後に出た『ドイツとドイツ人』の中でこんな意味のことを言っている——「ドイツ人の世界に対する関係は抽象的で神秘的である、言いかえれば音楽的である……ドイツ精神の巨大な化身たるルッターはほとんど類例をみないほど音楽的だった……彼は解放の戦士だった。しかし、どこまでもドイツ流のそれだった——というのは、彼は自由の何ものたるかを知らなかったからだ。私が言っているのは、キリスト者の自由ではなく、政治的自由、市民の自由のことである。……ルッターは農民の反抗を憎み、その苛烈な弾圧を進言した。しかしもしあれが成功していたならば、ドイツの歴史はもっと自由への方向をたどったにちがいない。代表的なドイツ人であるルッターはドイツ革命におけるこの最初の企図（農民戦争）の悲惨な結末に対して少なからぬ責任を分けもたねばならない」——というのです。ルッターに有名な『キリスト者の自由』という著作がありますね、その基本的な考え方は要するに、肉の世界は全部外的なものに繋縛された隷属の世界であり、精神的な自由だけが絶対的なものでこれが霊の世界である——こういうように内的な世界と外的な世界とを峻別して、自由を内面的世界に限定する考え方、こういう考え方がドイツにはずっと伝統的にあって、いろいろ形をかえながら、文化と政治というものを区別する、その区別の仕方にもあるパターンを与えていると思うんです。つまり、同じく文化と政治を区別するといっても、外的世界のなかでもとりわけ外面的な政治なんかどうせバカなものでオレの知ったことじゃない、内的世界において精神の独立さえ維持されればいい、と考えるか、それと反対の考え方、政治と文化とは社会的には必然的にまじり合っているものだ、それゆえにこそ、文化の立場から政治を批判し、政治に対して発言する——これは政治を直接目的とした行動じゃなくて、むしろそれ自体非政治的な文化の自律性を守るための政治的発言ですね——、こういうふうに考えるかで、同じく文化や精神の独立といっても非常にちがってくる。

ところが、これもマンの言ってることなんですが、そういう、非政治的な立場に立って政治に向って発言する、というのが、ドイツ人はどうも苦手なんですね、政治に首をつっこむとなると、オール政治になっちゃうんです、つまり毒喰わば皿までということですごい権謀術策というか、赤裸な力を行使する。それでなければ、社会生活というものをまったく遮断して、そこでもって精神の独立を保って文化をエンジョイする、その振幅が非常に激しいんじゃないかな。

吉田　ぼくもそう感じますね。ドイツ人の多くの人は、お人好しで、静かで、ロマンチックで、内省的だと思うんですが、なかには、すごく冷たく頭が冴えて、なるほどこういう人だったら、どうやったら能率的に大量の殺人がやれるかなんて考えられるんじゃないか、というような人にも出くわしますね（笑）。

どうもドイツはそういう点でおかしな国だと思うんです。今のお話のようにルッターがそういうことをやった。ぼくのわかったかぎりでは、カトリックとエヴァンゲリストとがどうちがうかといえば、エヴァンゲリストというのは、ものを自分で考えて、これが正しいかどうかというのは自分の側から出して行く、ところがカトリックというのは、真理は客観的に外にあるものだ、とするんですね、しかしともかく、ドイツの音楽がよくなったのはルッター以後なんです。だから、あの音楽のなかになにか、それがあるんだと思うんです。

それが政治の場に有力な力として出てきたときには、非常な災害を人類にもたらしちゃった。これは、音楽だけに話をかぎっても、大きな問題があると思うのですが、近代ドイツ音楽とは、つまり古典派からロマン派にかけての音楽のことですが、ドイツ音楽が世界のヘゲモニーを握った十九世紀に、音楽は完全に主観化し感傷的なものにおちてしまった。現代音楽は、いわばそれへの反動として始まったのです。それにしても、人間にとってはある種の非政治的な日常生活を送るということが必要なんですね。ある意味では、非道徳的《ウン・モラーリッシュ》なものだって、また、ワーグナーに典型的に見られるエロチックなものだって、それがないと人間が生きてゆけないんです。だから、ドイツ音楽を本当に演奏するにはナチの下であってはだめだというのを、もう少し超えたものがあるだろうというフルトヴェングラーの態度は、やっぱり一種の真理を含んでいると思うんです。しかし、それにしては、ナチというものがものすごくひどかったという、これもまた本当でしょうね。

丸山　まったくそうですね。

吉田　今のお話のように、ドイツ人は、内的な自由さえとっておいてくれれば、政治のほうでは文句言わなかったのに、その内的な自由さえもどんどん侵されてくる。フルトヴェングラーは、あの当時、ドイツではまだ音楽をやる自由はあると思っていたけれど、じっさいには、そういう自由の余地さえもう残されていなかった……。

丸山　フルトヴェングラーは巨人だから、まだあの程度にナチに正面切って文句を言えたという面もありますね。

吉田　しかし、さっきのお話のように、パブリックというものがなくて、マスというものだけがあった、その前でフルトヴェングラーが棒振ったって、はたして彼が考えていたような意味があったかどうか……。

丸山　そりゃ問題です。

吉田　じっさいに、フルトヴェングラーがやると、いちばん前の席にヒットラーやゲッベルスが来て、敬礼させたりなんかして……。

丸山　ヒットラー主義とその前の一般的反動とでは非常にちがうという点が、この文のなかでもあちこち出てきますね。六二ページで、ヴィルヘルム二世のときのラインハルト劇場やハウプトマンの問題と比較してるんですが、つまり、昔は、皇帝なり皇后なりが芸術について好悪を持っていても、それは彼の個人的趣味や判断の問題だということがはっきりしている、だからたとえば上演禁止ということがあっても、それはあくまで個々の行政措置であって、べつに芸術上の判断とは関係ないという点がはっきりしていた。ところが、ナチはまさに、絶対主義時代にもあったそういうけじめをなくしちゃったんですね。ゲッベルスがフルトヴェングラーに、政治というものはまさに最高の芸術だと言っていますね、まさにそこなんです。

一方では、コミュニケーションとテクノロジーとの非常な発達がある、それを政治権力がフルに利用すれば、政治というものは、プライヴァシーの領域にどんどん入ってこられる。ナチのように、政治そのものが芸術の名を僭称すれば、政治権力がいわゆる内面的な事柄にも是非善悪の判定を下す権利があるのはあたり前だということになる。

今までの歴史的反動と、ナチ反動が根本的にちがうのは、まさにこの点だと思います。

吉田　ぼくが聞いたところでは、ナチの下では、絵描きなど絵を描くことそのことを禁止されちゃうんですね、公共の場に発表することを禁じられるという程度でなくて、絵を描くことを禁じられる。そして随時家宅捜索があって絵を描いた証拠が残っていると罰せられる。……バーラッハという彫刻家がありますが、どういうわけかナチは早くから彼を憎んでいて、彼の作品の一つでもあれば、その美術館は閉館され、責任者は処罰されたという話です。ですからベルリンでドイツ人に、戦時中にフルトヴェングラーの演奏会を聴きに行ったかと質問しますとね、たとえばその人が猛烈な反ナチの人で、フルトヴェングラーがナチの大官たちと接触していることに不信を抱いていたような人でも、聴きに行ったって言いますね。つまり、彼は、ドイツから亡命できずにいた市民たちにとって唯一の喜びだったんですね。それから大事なことは、フルトヴェングラーだけが特殊な立場にいたからユダヤ人を助けたっていうんではないんですね。ぼくが知ってる音楽家で、この人はナチではなかったが、もともと猛烈な反ユダヤ主義者なんです。そうして今でもやはり反ユダヤ主義者です。しかし、その人でさえ、迫害されたユダヤ人が亡命するのを助けたりしてるんですね。そういう市民たちの小さなレジスタンスっていうものは無数にあった。つまり、それほどナチというのはやりきれなかったたっていうことですね。

現代における芸術家の立場

吉田　それにしても、フルトヴェングラーは大演奏家で多くの公衆にじかに接触する立場にあったから目立っていたわけだけど、いかに多くの作曲家たちがドイツを去って行ったかを考えると、これはまた、少しちがった問題が出てくると思うんですけど。……これはナチだけでなく、現代の政治っていうか……。

丸山　そうですね。ハイエクという経済学者がいます。反ナチではあるが同時にゴリゴリの反共の人なんですが、この人が、『隷属への道』という本のなかで、“Freizeit-gestaltung”というナチがさかんに使った言葉を引用して、ここに全体主義の本質が圧縮的に出ている、と言っています。つまり、直訳すれば、自由な時間をいかに形成するかという問題なんですね。これはナチの本質をじつに鋭く衝いていると思って感心したんです。本来、外からゲシュタルテンされないからこそ自由時間なんでしょう、だからこれは形容矛盾なんですよ、しかしナチは実際これをやったと思うんですね、だから文字どおり息がつけないんです。軍隊の内務班の中での初年兵のひまと同じで、いつ「形成」されちゃうかわからない。……しかしこれは、現代の政治権力――西欧のデモクラシーであろうと、コミュニズムであろうと、そういう傾向性というものは、多かれ少なかれ持っていると思うんです。ナチほど極端じゃないけど。それで昔のような意味におけるフライツァイト（自由時間）というようなものはだんだんなくなってきた、と思うんです。日本なんかもともとプライヴァシーという観念がないからよけいそうなんですけど、テレビとラジオの音を聴かないところで暮そうということは非常に困難なんでね。

吉田　だけど、ラジオを聴いて時間をつぶすのは、かならずしもゲシュタルテンというようなものじゃないかもしれない。

丸山　そう。しかし、そういうある共通の要素を徹底的にゲシュタルテンしたものがナチだと思うんです。現在の場合は、いわば余暇がマス・コミに占拠されてるという状態なんですけれども、それも結局政治や経済の力と結びついているのですから、見えないところで、気のつかないうちにゲシュタルテンされているともいえる。

吉田　それでですね、ナチのときには非常に破壊的に働いたけれども、それが今度は、社会的には建設的に、つまり生活のスタンダードを上げてゆくという方面に働いている社会でも、フライツァイト・ゲシュタルテンということはおそらくあるわけですね。

丸山　それはありますね。

吉田　そういう社会のなかで創造している芸術家がどうやって生きているかというこ

とは、大きな問題じゃないでしょうか。政治のほうはうまくいっているとしてもですね。

丸山　現代の最先端を行く国、アメリカだってソ連だって、その意味では、多かれ少なかれ、同じ傾向性を持っていると思いますね、もちろん、政治の方向はちがいますが……。

吉田　そうなると、ぼくたちがわかっているような芸術だと、どうもうまくゆかないように思うんですがね。

丸山　どうも悲観的な話になっちゃったな……（笑）。

吉田　ソ連なんかでも、たとえ遊びに行くような場合でも、いっしょに行動しないと、まわりがあいつは個人主義的だといって非難するような雰囲気があるという話を、ある人から聞きました。フランスだったら「おれは家で本を読んでる」と言ったっていっこうさしつかえないのに。アメリカでも、パリから行った女学生が長いスカートをはいていると、舎監に呼ばれて、短いのにしろと言われるんだそうですね。「いや、私は足がきれいじゃないから長いのをはいているんだ」と言うと、「しかし、短いのが今のモードである」とおさえつけられる……。一種の集団の圧力とでもいったものがあるんですね。どこの社会にだってあるけれど、それがだんだん強くなる傾向にあるのじゃないでしょうか？

丸山　そうですね。最近、翻訳で出ている『オーガニゼーション・マン』なんていうのも、同じような問題を扱ってるんですがね。オーガニゼーションに適応する人間だけが要求されてる、これはアメリカの例をあげてるんですが。……ところが、芸術とか学問とかいうものは、元来、うまくオーガニゼーションの枠の中にはまらないような人間によって創造されてきたものなんでしてね――少なくとも今まではね（笑）。

科学とドグマ

丸山　ところで、またフルトヴェングラーにかえりますとね、フルトヴェングラーの科学観というものにちょっと気にかかる問題があるように思うんです。フルトヴェングラーが『音と言葉』という著書のなかでですね、現代の音楽は科学の世界支配の傾向によって根本的に脅かされていると見ているんです。物事の考え方に科学的考察法と芸術的考察法を区別するのは当然なんですが、彼は科学的考察法が肥大して芸術を食っちゃってる、芸術家自身が科学的になっていると言って、さっきのトスカニーニの話じゃないけど、それに彼は抗議してるんです――「芸術は生きることを欲し、科学は支配することを欲する」と言うんですが、もっともな点もありますが、社会科学をやっている立場から気になることはですね、フルトヴェングラーが言っている科学というのは、なにか、世界というものを法則によって統一的に把握して、いわば絶対誤らない科学的真理―法則でもって森羅万象を包摂する、または包摂していく動向、これを彼は科学の支配と呼んでいるんです。ところが、ぼくに言わせればですね、科学的精神と、科学主義ということとは根本的にちがうんです。たしかに歴史的には科学主義というか、そういう世界観が科学の発達を押しすすめてきた、さかのぼりますとね、ぼくもよくわからないけれど、そういう考え方はデカルト主義にあるんですね、明晰判明な第一原則というのが確立されれば、あとはそこから、論理的必然によってすべての命題が出てくる、こうして「法則」によって動かすべからざる真理をつかみ、それを押しひろげてゆけば、ついに世界全体を包摂できる、こういう科学観があるんです。ホッブスのレバイアサンの国家というのは、結局こういう科学観を政治に適用したものなんですね。

ところが、いうまでもなく近代科学の方法は、ある具体的な問題を出発点として、仮説を立てて、それを絶えず出来事によって検証しながら修正し、また新たな仮説を立ててゆく、というところにあって、絶対的な法則というものはいっさい認めない。理論というものは、みな仮説であっていわば開かれたものなんです。唯一絶対の真理でもって森羅万象を残りなく統一するとか、それで世界を支配することができるというような信念はドグマであって、まさに近代科学の方法それ自体に矛盾しているものなんです。だけど、現実には科学と科学主義というものがしばしば混同されてきたので、現実にはフルトヴェングラーの心配している傾向はわからないことはない。と同時に、こういう科学に対する誤解にもとづいたコンプレックスがナチの反知性主義の土壌になっているという面もなくはないと思うんです。

吉田　それで、現実に、科学的な世界観をバックにした政治というものがあるとすれば、それはどういうふうに実現されるのでしょうか。

丸山　いや、科学はそのまま世界観になりえないんですね。本来、科学を世界観にするのが、科学主義なんです、その意味では。

吉田　しかし、たとえば、ソ連のような国家では、なにか一つの世界観が絶対に正しいと言ってるようなところがあるような気がするんですけど……。

丸山　だからそれは、世界観の次元、哲学の次元、科学の次元というものが十分区別されないで、全部ごちゃごちゃになっちゃって、統一的な世界観として、自分を――たとえばコミュニズムを――押出しているからですよ。そのへんがはっきりしないかぎり、吉田さんの言われるようなドグマの支配というものが、必然的に起ってくると思うんです。つまり、真理は一つしかないという考えと、ある世界観あるいはそれをただ一つ正しく代表した政党の独裁ということがくっついてくる。

吉田　たとえば、社会主義的リアリズムという一つの考え方があって、そういうものからはずれてゆくものは、みんな個人主義的であり、デカダンスであって、社会を建設してゆくうえに役に立たないものであるといって排斥してゆく。そういうことが、芸術家にはむずかしい要請になっていて、うまく仕事ができないんじゃないかと思うんですけど……。

丸山　それはそうだと思いますね。しかし、にもかかわらず、マルクス主義には、政治や権力自体を絶対化する原理というものは本来ないんですね。そういう意味では、マルクス主義というものはリベラリズムをうけついでいて、政治にしろ国家にしろ、それは手段であって、革命を通じてであれ、最後には死滅すべきものだという観念があるわけです。独裁だって、階級社会をなくすための手段であって、独裁自体を絶対化する思想はないんです。その点がナチズムと根本的にちがうんです。しかし現実の政治過程に現われる面では、非常に似た面も出てくる。その一つの思想的原因が前に言ったような科学——マルクス主義の科学も含めて——の見方にあると思うんです。しかし、よく反共の立場の人が、理念はナチとちがうと言ったってコミュニズムは根本的に政治目的のために手段を選ばずなんで、普遍的な人間性とか、独裁の止揚なんて言っても、そんなイデオロギーはたんに権力のカモフラージュにすぎない、というふうに批判しながら、他方では、コミュニズムのイデオロギーに万悪の根源を帰するのは、それ自体矛盾した批判ですね。

それで思い出したんですが、この書物のなかに、フルトヴェングラーの前任者で、一代の名指揮者といわれたアルトゥール・ニキッシュの伝記を引用したところがありますね。例の一九一八年の革命のときキール で暴動を起した水兵に、なんであんなことをやったのかときいたら、「われわれも一度はニキッシュを聴きたいから」と答えた、というエピソード……。あれは、一九一八年の「革命」と三三年のナチ「革命」との理念の本質的なちがいを象徴的に示していておもしろいと思ったんです。つまり、単純化して言えば、同じく平等化といっても、文化水準の「上昇」要求から出た革命と、ルサンチマンから発するところの「引張りおろす」革命、というふうに対照できるでしょう。

ですから、こういうイデオロギーのちがいは、長い目で見れば、ソ連にもだんだん出てくると思うんです。現在ではちょっと楽観的な見方かもしれませんが……。

吉田　じじつ、デ・スターリニザシオンということがあった。

丸山 まだほんの端緒ですがね。
吉田 そうして、そういう動きが出る前に、ソヴェトの最も才能ある作曲家たちが、喜んでそれに呼応するような宣言を出している。

音楽的感動の特殊性

丸山 ぼく、吉田さんにお聞きしたいんだけど、芸術のなかで音楽が持っている特殊性ということなんです。それはまた、フルトヴェングラーにかえることなんですけど、彼は、精神の官能化、官能の精神化ということをよく言っていますね。つまり、音楽はよく、いちばん抽象的な芸術だとかなんとか言われていますけど、ぼくが思うには、音楽くらい官能的な芸術はないんじゃないかということ、そういうことが一つと、もう一つは、ここでフルトヴェングラーが「共同体的体験」といってますが、これはパウル・ベッカーが、「社会を形成する力」ということを交響曲の本質について言っていることを思い出すんです。つまり、あたり前のことですが、演奏会場で一つの音楽を聴いている聴衆というものは、展覧会場で絵を見ている人々の群となにか質的にちがうはずですね。絵の場合は、どこまでも一対一で絵と向き合っているのですが、音楽の演奏というものは、本来そういう意味では集団性をもっていると思うんです。そうしますとね、音楽が持っている、この官能性と集団性という二つのものを見ますとね、それはまた、政治の人間への働きかけ方と非常に共通している。その点で音楽は存外、政治とかかわりあう面が多い。そこに、ぼくはまたフルトヴェングラーの悲劇を感じるんです。

吉田　音楽が芸術として自立してきたのは、比較的新しいわけですね、音楽は発生以来、ずいぶん長いあいだ宗教と密接な関係にあった。また、いちばんすすんだ音楽は、その社会の支配階級の好みに支配されてた時代が多いのも事実だと思います。それが十八世紀から十九世紀になってそういうものから解放されて、作曲家という一つのミクロコスモスの存在が出てきた、これは比較的新しいことなんですね、音楽のなかには、もう一度集団のところにもどろうという傾向があるんじゃないでしょうか。しかし、これが政治と同じように、まだうまく解決されてない。ロマン派の極度に社会から孤立した音楽家が今世紀になって集団にまたもどろうとしても、そのもどり方が問題なのでしょうね。社会のあり方も、もちろん問題だが。たとえばバルトークの場合を考えてみると、彼はヨーロッパにいて苦しいときに立派な作品をかいた、それがアメリカに行って、比較的集団に近づこうとしてかいた作品をみると、ぼくたちにはどうもあんまりおもしろくないいんです。またソヴェトの作曲家の場合は、バルトークよりもっと徹底的に集団のなかでの芸術をやってると思うんですが、ぼくはどうもおもしろくない。そこには、近代芸術の歩み——音楽で言えば、まず音楽語法をゆたかに、自由なものにしてゆくというのと、相反する面が強すぎる。

丸山　ええ、そういう作曲過程における集団対個性という場合はおっしゃるとおりですけれど、音楽の働きかけ方ということを問題にしますとね、たとえばナチの大会の前にベートーヴェンの『エグモント』かなんかやるというのは、演出効果としては、ナチはじつによく考えてると思うんです。またベートーヴェンというのは、そういうふうに利用される要素があるし、さらにさかのぼれば、音楽の人間精神への働きかけのなかに根本的にそういうエモーショナルなものがあると思うんです。たとえば、文学なんかその意味では根本的に知的ですし、絵だって音楽とくらべれば感動の質が知性的だと思うんです。露骨に言えば、アジテーションには音楽がいいんじゃないですか。

創作過程において、集団的に創作するとか個性的に創作するとかいうちがいはあると思うんですが、今度は創作されたものが働きかけるという過程になると、政治と非常に関係があると思うんです。

吉田　それはそうでしょうが、ただ音楽というものは、情緒の内容はともかく、意味はどうにでもつけられるという点から非常に政治と関係はあるけれども、政治との関係だけで解釈しきれないものがある。ベートーヴェンの第五交響曲は、ナチも利用したかもしれないが、西欧側もさかんに使った。

丸山　それから、一面に、ぼくが不思議なのは、マックス・ウェーバーの言うように、西洋音楽の基礎は非常に数学的・合理的でしょう、それと、いわばエモーションに直接訴えかけてくるという要素ですね。その二つが、どういうふうにくっつくのか。

吉田　それはむずかしい問題だな。音それ自体が意味がないだけに、直接無媒介に官能的情緒的なものでありうるのでしょうね。そうして芸術は、単に感覚的感情的なだけであっては成立しないんで、これを構成し組織しなければならない。その操作が、音楽では、現実のモデルをつかわないので、よけいに数学的知的なものに見えるのでないでしょうか。しかし、画家が画面を構成するときも、そこには非常な知的な働きがあるのでしょうね。そして、やっぱりがっちり構成されたものほど、見るものに与える感動も深いのではないかしら。このへんは、音楽だって、ほかの芸術と同じと思うのですが。それにしても音楽は、たしかに多くの人が集まって聴くものではあるが、だから、かならずしも集団的意識が強められるとはかぎらない。たとえば、今世紀の亡命作曲家のひとりのシェーンベルクの作品なんて、非常に孤独な音楽ですね、大勢の人がそれをいっしょに聴いたにしたって、けっして集団意識がそれによって高まるんじゃなくて、逆なんじゃないかな。

丸山　フルトヴェングラーは、十二音音楽にだいぶ悪口言ってますね、創造的精神の衰頽の徴候のように……。

吉田　そうですね、アトナールな音楽は、彼は嫌いだったようですね。……しかし聴衆を集団的な方向にもってゆくことだけを建設的なものと考えるのは、楽観的すぎやしませんか。集団の性格が問題だ。ぼくは、十二音音楽がすなわち「孤独の音楽」とは、けっして考えませんし、シェーンベルクは、とにかく、「ワルシャワからの生きのこり」とか、バイロンの詩による「ナポレオンへの頌歌」とかをかいて、ナチスに猛烈に反抗した人です。しかし、彼は、フルトヴェングラーが人類をひとつに結びつけようとしたときにつかった手段、つまり音楽による陶酔というゆき方を、非常に批判的にうけとった。それは単に一人の芸術家のわがままではないんじゃないか、と思うんです。

丸山　ただ現代音楽で調性がくずれて無調的になってゆくのは、いわば知性主義的な傾向の現われということになるんでしょうけど、たとえばトスカニーニもやっぱり……。

吉田　そう、トスカニーニも無調の音楽は大嫌いでした。

丸山　そうでしょう、だから、集団的対個性的という区別の仕方とは、ちょっと次元がちがってくるんじゃないですか。

吉田　ええ、そういう意味では、トスカニーニの人文主義は……。

丸山　ルネサンスですか。

吉田　ええ、そういうことになりますね。イタリーには現代にいたるまで、クローチェとか何とかその精神の有力な継承者がいるのではないですか。それに、トスカニーニの最も得意とした「ヴェルディ」は、非常な愛国者で、十九世紀におけるイタリーの統一と独立の運動に、全面的に共感した音楽でしょう。

丸山　ルネサンスとリフォーメーションのちがいでしょうかね、トスカニーニとフルトヴェングラーとは（笑）。

吉田　トスカニーニは反宗教改革ですよ。

二つの世界と芸術家

吉田　この本のなかで、戦後、フルトヴェングラーの戦犯問題が起ったとき、ソヴェトの将校が早く解除して指揮をさせたがっているのに反して、アメリカ、イギリスのほうがけむたがっている個所がありますね……。

丸山　そうそう、あれは非常におもしろい。

吉田　ベルリンの占領下にいたドイツ人に聞いたんですが、あの頃、ソヴェト占領軍は、展覧会でも音楽会でもどんどんやったらしいですね、アメリカやイギリスのほうはなかなかやらせない。つまり、ひとりひとりの芸術家について、戦争中何をやっていたかという詮索が非常にやかましかったらしい。

丸山　それはつまり、ソヴェトのほうは、支配層となんとか、というふうにわけて考えちゃうわけですね、権力者に対してはアメリカよりずっと追及がきびしいが、そうでない一般国民はむしろ被害者だという……。

吉田　今の中国もはっきりそうだけど、日本人が悪いんじゃなくて、日本の軍閥が悪いんだという考え方。

丸山　そう、そこのところが非常にはっきりしている。

吉田　人間を、ファンクションとか役柄でもって分けてゆく。アメリカやイギリスは、ひとりひとりの人格を問題にしてゆく……。自由主義的市民社会のほうが手間がかかる……（笑）。しかし、ここにも大きな問題がありゃしませんか。権力者はみんな悪くて、市民はみんな被害者だというのは、実際にはどういうことになるのでしょうか。

ドイツの場合、問題は相当複雑だと思うのですけれどもね。

丸山　それは、実際はそう簡単でないでしょう。しかし他方、ひとりひとりを問題にしてゆくというやり方が正確だとも言えない。現にクルト・リースも言っているように、すでに政界や実業界ではナチ時代の悪名高い連中が大手を振って歩けるようになってからでも、他方ではフルトヴェングラーが枢密顧問官だったということがいつまでもひっかかっている。政治機構とか権力関係という観点が抜けると、実際にはそういうおかしな結果も出てくるんですね。ところで、この本でちょっとおもしろいと思ったのは、エーリッヒ・クライバーが、東ドイツで棒振ったっていうので、西ドイツで評判が悪くなった。が、フルトヴェングラーはクライバーを大いに激励していること……。その点フルトヴェングラーの態度は昔も今も一貫していますね。

吉田　そういうことは、今でも問題になってますね。西ドイツの芸術家がよく東ドイツに演奏に行く。そうすると西ドイツの人のあいだでは賛否両論ですね。つまり、東ドイツの人たちを居心地よくさせることによって、共産主義――つまりソ連に対して貢献してることになるんじゃないかという考え方と、あそこにだってドイツ人がいるんで、その人たちに慰めを与えるんだという、そういう二つの考え方ですね。フルトヴェングラーのときと同じことを今もくり返してるわけです。そういう意味で、フルルトヴェングラーの問題は、単に彼一個人のものでなく、今世紀の芸術家のあり方の大きい問題を示唆しているわけですね。

文庫あとがき

昔書いた原稿を——といっても、何年前、いや何十年前のことになるだろう——久しぶりに読み直した。

私は子供の時から音楽は大好きだった。その好きな曲には子供の時から今に至るまで、いろいろと変ったものもあれば、変らないものもあるのだが、レコードをつぎつぎ買いこんで、それをくりかえしくりかえしきいて楽しむという習慣はかなりあとになってのことである。というより、一口にいって、この間の戦争が終ってからのことである。

そのうち、いつの間にか、レコードをきいて、その感想を書き、あれこれ理屈をこねるようになった。そんな時、私は自分がおもしろがったり、好きになったりするもの——あるいは、逆につまらないと思ったりしたものについては、漠然とではなく、それぞれ、できるだけ細かく、具体的に記述するようにつとめた。漠然と一口に「きれいだ、美しい」とか、あるいは「退屈だ、つまらない」というだけでなく、「どこがどうだからどう思った」と書かないと気がすまない。

そうやって書き出したころ、いちばんつきあうことになったのがフルトヴェングラーのレコードだった。

偶然そうなったといってもいいが、彼の演奏が——たまたま、私は彼の生身の指揮の演奏に一九五四年の前半パリでザルツブルクでバイロイトでといった具合に何度か集中的にきく機会をもったりもしたのだが——私の今いった書き方（それはつまり私の考え方でもある）の好みに合うものをいっぱい含んでいたから、といってもいいかも知れない。

もちろん、ほかの人のレコードもあれこれきいたのはいうまでもない。たとえば、グレン・グールド。グールドの当時の耳にとってはえらく風変りな——しかしよくきいてみれば——天才的唯一性をもった微妙ですがすがしい『ゴルトベルク変奏曲』のレコードが忽然と現われたのもそのころだった。それに続いて飛び出して来た彼のベートーヴェンの最後の三曲のソナタ、それにもまして私の気に入ったブラームスの晩年のピアノ小品集など、あれはレコード入門者の私の前につぎつぎと提供された天下の美味の数々だった。

でも、何故か、私はグールドによって覚えた感銘を、フルトヴェングラーをきいている時のような分析的かつ綜合的な態度、細密画を描くような筆致でくりかえし書く気に誘われなかった。音楽は音楽でも、同じように天才は天才でも、この二人の間には何か大きな違いがある……

それから半世紀以上がたち、近年の私は――ひところに比べて、ずっと少くなったが――相変らずレコード――といっても、この間にレコードはCDに変った――について筆を弄する機会が与えられている。でも、私の記述の仕方はひどく違ってきている。私はもう昔のようには書く気になれない。耳に入ってくる音楽は昔とは違ってきた。

この間、ある人と話していて、こう言われた。「あなたはベートーヴェンの弦楽四重奏曲、作品一三三の『大フーガ』について書いている中で、この大音楽家がこの曲の作風について《tantôt libre, tantôt recherchée》（ある時は自由に、ある時は厳格に）といったと書いていましたね。これはあなたの書き方の今と昔の変遷にあてはまるのじゃないですか」と。

そうかも知れない。

吉田秀和

文庫解説

市民芸術家の鑑として

片山杜秀

――フルトヴェングラーは天才だ。カリスマだ。常軌を逸した情動エネルギーの持ち主だ。一種の超越者だ。彼の音楽は非日常的な経験を与える。何かこの世ならぬものだ。デモーニッシュである。神秘宗教的と言ってもいい。だからこそ長いあいだ神格化されてきた……。

というのが、多くの音楽ファンが昔も今も抱きがちな、巨匠指揮者へのイメージではないだろうか。

一九五四年五月初めにパリで、初めてフルトヴェングラーの実演に接したときの吉田秀和さんの感想も、どうやらそれに近い。本書の冒頭に置かれた「荘厳な熱狂」という文章のタイトルが、そのことを物語る。

しかし、吉田さんのフルトヴェングラー理解は変わってゆく。そのエッセンスは、本書の頭から十番目に収められた文章「フルトヴェングラーとブラームス」に、たとえばよく表れているだろう。

吉田さんはフルトヴェングラーの演奏の特徴を次のように要約する。「音楽の論理と人間心理との必然に裏づけられていたこと」。それから「一つのテンポからつぎの違うテンポへと移ってゆく、その移り変わりに、ほかの人よりも格段に見事で慎重な準備が行われていること」。カリスマとかデモーニッシュとかいった、世間のフルトヴェングラーに被せたがる言葉は、もう入り込む余地がない。

ほんとうだろうか。具体的に俎上にのせられるのは、一九四九年六月のライヴ録音。ブラームスの交響曲第四番の第一楽章だ。冒頭と終結部でテンポが極端に違いすぎる。冒頭は遅すぎ、終結部は速すぎる。さすがフルトヴェングラー！　神懸かっている。ついついそんな批評をしたくなる。

が、「待てよ」と、吉田さんは立ち止まる。常軌を逸したこの世ならぬ演奏のように感じられるとすれば、それは冒頭と終結部の「二つのテンポを、ばらばらにして比較するから、そうなるのであって、この出だしとそれから結びの、二つの部分の中間にあって、さまざまの音楽の局面を思ってみると、そのどこをとっても、無理をしたり、音楽に暴力を加えた瞬間はなかった」。

フルトヴェングラーには無茶も無理強いもない。天才の飛躍も情念の不条理な爆発もない。あるのは、音楽のどんな些細な経過もおろそかにせず、特にテンポの変化について万人を納得させずにはおかない、周到な読みだけだ。異常だから人を引きつけるのではない。テンポの変化が万人の常識に照らしてあまりに腑に落ちるので、みんな一生懸命にフルトヴェングラーを聴いてしまう。だから彼は巨匠なのだ。吉田さんの至ったのは、そういう理解だろう。

すると、そこでの万人の常識とはなんだろう？　先に引いた通りである。万人の理解できる人間心理だ。情動で作品の構造を解しきるということだ。フルトヴェングラーの指揮するブラームスの交響曲第四番の第一楽章なら、「祈りと訴え、憧れ」や「慰めと諦念」といった、人間誰しもの共感に訴える心のドラマを繊細に濃密に味わい尽くすように感じないわけにはゆかないと、吉田さんは記す。

フルトヴェングラーの時代も、そして今も、わたくしたちは日常生活の中でさまざまな人間心理に揉まれながら生きている。愛があり、嫉妬があり、絶望があり、悲しみがある。夢があり、諦めがある。色とりどりの喜怒哀楽に翻弄される。そうした人間の情動は選ばれた天才だけの解するものではない。普通の市民なら誰しもよく分かる。

フルトヴェングラーはそんな心のドラマを音楽の論理になぞらえて表現する名人。ベートーヴェンやブラームス、ヴァーグナーやブルックナー、あるいはモーツァルトの作品の構造に、ごく普通の人々の情の動きを重ね合わせて、とびきり豊かに表現してくれる。突然に訪れるようにみえる喜怒哀楽の高ぶりにも、必ず伏線があり、必然があり、筋道がある。それらを辿り尽くしてこそ、一見突拍子もない高まりにも至れる。圧倒的な歓喜や絶望や錯乱も当然の帰結としてあらわれる。わたくしたちは意識するにせよしないにせよ、フルトヴェングラーの自在なテンポやリズムや強弱の変化の中に、わたくしたちの日々のドラマを微に入り細を穿ってリアルに追体験している。だからこそフルトヴェングラーの人気はいつまでも衰えない。

吉田さんの論の核心は、そんなところにあるのではないだろうか。

突出したカリスマ的巨匠とみなされがちな人を、普通の人々の喜怒哀楽の誠実きわまる代弁者、市民の芸術家の鑑として位置づけ直す。フルトヴェングラーに一種の人間宣言をさせる本なのだと思う。

（かたやま　もりひで／音楽評論・思想史研究）

フルトヴェングラー略年譜　一八八六－一九五四

一八八六年　1月25日、ベルリンに生まれる。父アドルフはベルリン大学教授の考古学者。母アデライーデは画才に恵まれていた。

一八九四年　ベルリンからミュンヘン近郊に移り、考古学者ルートヴィヒ・クルティウス、彫刻家アドルフ・ヒルデブラント、音楽学者ワルター・リーツラーに個人教授を受ける。音楽は、アントン・ベール＝ワルブルン、ヨーゼフ・ラインベルガー、マックス・フォン・シリンクに師事。

一九〇三年　ニ長調の習作交響曲（後の第一番の原型）がおじのゲオルク・ドールンによってブレスラウで初演されるが不評。

一九〇五年　ブレスラウの練習指揮者に（～06年）。

一九〇六年　チューリヒの練習指揮者に（～07年）。カイム管弦楽団（現ミュンヘン・フィルハーモニー管弦楽団）とブルックナーの「交響曲第九番」、自作交響曲第一番の第一楽章「ラルゴ」を指揮しデビュー。

一九〇七年　ミュンヘンの練習指揮者に（～09年）。

一九一〇年　合唱管弦楽曲「テ・デウム」完成、自ら初演。

一九一一年　リューベックの楽友協会の楽長に。

一九一五年　ボダンツキーの後任としてマンハイム国立劇場の宮廷楽長に。

一九一七年　初めてベルリン・フィルに客演。

一九一九年　ウィーンのトーンキュンストラー管弦楽団の指揮者に。

一九二〇年　メンゲルベルクの後任としてフランクフルト博物館管弦楽指揮者に、リヒャルト・シュトラウスの後任としてベルリン国立オペラ・シンフォニー・コンサートの指揮者に就任。ブルックナーの弟子で、ドイツ古典音楽の特徴を「遠聴」と定義したハインリヒ・シェンカーのシェンカー理論に共鳴、彼をウィーンに訪れ、以後親しく交わる。

一九二一年　ウィーン楽友協会音楽監督に就任。

一九二二年　アルトゥール・ニキシュの死後、後任としてライプツィヒ・ゲヴァントハウス管弦楽団とベルリン・フィルハーモニー管弦楽団の正指揮者に就任。以後、ドイツ、オーストリア以外での音楽活動も始める。デンマーク人のツィトラ・ルントと結婚（間もなく別居）。
一九二四年　ロンドンのロイヤル・フィルハーモニーに客演、リヒャルト・シュトラウスの「ドン・ファン」、ブラームス「交響曲第一番」などを指揮。ロンドン交響楽団に客演し、R・シュトラウスの「英雄の生涯」を指揮。
一九二五年　1月、ニューヨーク・フィルに客演、好評を博す。
一九二六年　初めてのレコード録音、ウェーバー「魔弾の射手」序曲、ベートーヴェン「交響曲第五番」をポリドールに。
一九二七年　ワインガルトナーの後任としてウィーン・フィルハーモニーの常任指揮者に、あわせてウィーン国立歌劇場の指揮者に。
渡米、ニューヨーク・フィルを指揮。
一九二八年　10月、ブラームス「ピアノ協奏曲第二番」をホロヴィッツ、ベルリン・フィルと協演。12月、シェーンベルクの「管弦楽のための変奏曲」を初演。
一九二九年　20歳のユダヤ系ヴァイオリニスト、シモン・ゴールドベルクをベルリン・フィルのコンサートマスターに招聘（～32年）。
一九三一年　バイロイト音楽祭の総監督に（～32年）。
一九三三年　ベルリン国立歌劇場の監督に。そこでワーグナー「ニュルンベルクのマイスタジンガー」を指揮した際、首相ヒトラーと握手している写真を撮られる。4月、ユダヤ人芸術家擁護をめぐって宣伝相ゲッベルスと応酬。9月15日、ヘルマン・ゲーリングの指令によりプロイセン枢密顧問官に就任。11月15日、帝国音楽院副総裁に就任（総裁はR・シュトラウス）。
一九三四年　12月、ヒンデミットの交響曲「画家マチス」の演奏に端を発して、ナチス政府と対立、枢密顧問官と音楽院副総裁を辞任、ベルリン・フィル、国立歌劇場の監督からも外される（いわゆる「ヒンデミット事件」。ヒンデミットはトルコへ亡命）。
一九三五年　ゲッベルスと会見しナチス当局と和解、4月、ベルリン・フィルを指揮し指揮活動を再開。「ピアノ五重奏曲」「ピアノソナタ第一番」完成。
一九三六年　ニューヨーク・フィルの次期音楽監督にトスカニーニに指名されるが、ナチスの妨害もあって破談。

一九三七年　ザルツブルクでトスカニーニと会う。ライプチヒで、自作「ピアノソナタ第一番」を自らのピアノで初演（ヴァイオリンはベルリン・フィルのコンサートマスター、フーゴー・コルベルク）。「ピアノと管弦楽のための協奏交響曲ロ短調」完成、ミュンヘンで自らの指揮、エトヴィン・フィッシャーのピアノ、ベルリン・フィルと初演（54年に改訂）。ベートーヴェン「交響曲第九番」をベルリン・フィルと初録音。「交響曲第一番ロ短調」、一応の完成（生前は演奏されず。47年まで改訂）。

一九三八年　ドイツのオーストリア併合後の、ナチスのウィーン・フィル解散を阻止。

一九三九年　第二次大戦勃発、国内のユダヤ人音楽家の庇護に尽力。占領地での客演を拒否。フランス政府よりレジオン・ドヌール勲章を授与。

一九四〇年　「ピアノソナタ第二番」完成、自らのピアノで初演（ヴァイオリンはクーレンカンプ）。

一九四一年　3月、スキーで負傷、10月まで指揮を休む。

一九四二年　4月19日、ヒットラー総統の生誕記念前夜祭公演でベルリン・フィルとベートーヴェン「交響曲第九番」を演奏（そのレコードがいわゆる「総統の第九」）。

一九四三年　この頃、「交響曲第一番ロ短調」完成（47年まで改訂）、自らの指揮でベルリン・フィルと初演の予定だったが、リハーサル直後に自ら撤回、以後生前に演奏されることはなかった。エリーザベト・アッカーマンと結婚。

一九四四年　ベートーヴェン「交響曲第三番」をベルリン・フィルと初録音。母、死去。

一九四五年　ベルリン陥落直前の1月、軍需相・建築家シュペーアの示唆でウィーン・フィルの定期演奏会後にスイスに亡命。5月、第二次大戦の終戦とともにナチス協力容疑で演奏活動禁止処分を受ける。「交響曲第二番ホ短調」完成（47年まで改訂）。ベルリン・フィルの首席指揮者は、レオ・ボルヒャルトからセルジュ・チェリビダッケへ。

一九四七年　5月、「非ナチ化」裁判の無罪判決を受け、ベルリン・フィルの指揮で活動を再開し、ベルリン・フィルの終身指揮者に。ロンドン、パリ、ローマ、ストックホルムなどヨーロッパ各地を楽旅。8月、ルツェルン音楽祭で初めてメニューインとベートーヴェン「ヴァイオリン協奏曲」を協演（ルツェルン祝祭管弦楽団）。「交響曲第三番嬰ハ短調」に着手（54年に完成）。トーマス・マンにナチス協力を批判されるが、弁明の手紙を出し、一応の和解に至る。
一九四八年　シカゴ交響楽団の常任指揮者就任の要請を受けるが、ホロヴィッツ、ルービンシュタイン、ミルシテイン、ピアティゴルスキー、ハイフェッツらユダヤ系音楽家の抗議により破談。著書『音楽を語る』刊行（邦訳・東京創元新社、現・河出文庫）。「交響曲第二番」を自らの指揮でベルリン・フィルと初演。
一九五一年　7月29日、戦後初のバイロイト音楽祭再開記念演奏会でベートーヴェンの「交響曲第九番」を指揮（そのレコードがいわゆる「バイロイトの第九」）。
一九五二年　再びベルリン・フィルの終身指揮者に就任。
一九五四年　バイロイト、ザルツブルク、ルツェルンの各音楽祭に出演。11月30日、肺炎のため西ドイツのバーデン・バーデンのエーベルシュテインブルクで死去。『音と言葉』刊行（邦訳・新潮文庫、全訳・みすず書房）。

ルキューレ」のみでは、ウィーン・フィル／ズートハウス(T)、メードル(S)、他。米国盤　Seraphim6012(5枚)→EMI TOGE 11032-34 (3CD, SACD) 1954.9.28-10.6。リザネック(S)、フリック(Bs)他。

「ジークフリート」EMI TOCE3774-77 (4CD)。1953.11.10, 13, 17

「神々の黄昏」EMI TOCE3778-81 (4CD) 1953.11.20-24-27

ブラームス

●『交響曲第４番』ベルリン・フィル　EMI TOGE11008 (SACD) 1948.10.24

●『ドイツ・レクイエム』ストックホルム・フィルハーモニー管弦楽団、ストックホルム音楽協会合唱団　T-WF60022-3→Mem MR2071-74 (4CD／外)1948.11.19　トールリンク(S)、ゼンナーシュテット(Br)

ブルックナー

●『交響曲第７番』ベルリン・フィル　T-WF60024-5→EMI TOGE 11011 (SACD)。1949.10.18

●『交響曲第９番』ベルリン・フィル　P-MG8868-72 (『第４番』『第７番』『第８番』と組で)→M&A CD1209 (5CD／外)

リヒャルト・シュトラウス

●『ティル・オイレンシュピーゲルの愉快ないたずら』ウィーン・フィル　T=WF60031(裏は『ドン・ファン』『死と変容』)→EMI TOGE11013 (SACD) 1954.3.3 (『ドン・ファン』1954.3.2-3、『死と変容』1950.1.21-24も)

フルトヴェングラー指揮参考 CD 一覧

（吉田秀和『LP300 選』新潮文庫〔1981.2〕巻末レコード表の関連 CD）

ベートーヴェン

●『交響曲第７番』ウィーン・フィル　T-WF 60010→EMI TOGE 11003 (SACD) 1950.1.18-19 (V)
●『フィデリオ』ウィーン・フィル／ヴィントガッセン、メーデル以下の配役。米国版 Seraphim6022。メロドラマの部分をのぞき、セリフはカット。しかし幕間に『レオノーレ』序曲第３番がはいっている。昔からいわれるように、このオペラは『レオノーレ』第３番がエッセンスをつくしている。それがこの盤には実によく演奏されている。→TOGE11035-6 (2CD, SACD) ウィーン国立歌劇場合唱団。1953.10.13-17(V) ＊『フィデリオ』序曲のみ、GS GS2030、『レオノーレ』序曲第３番のみ GS2021。
●『交響曲第９番』バイロイト祝祭劇場管弦楽団・合唱団　T-WF 60006-7→EMI TOGE11005 (SACD) 1951.7.29。シュワルツコップ (S)、ヘンゲン (A)、ホップ (T)、エーデルマン (Bs)。

シューベルト

●『交響曲第９番』ベルリン・フィル　P-MG6007→G UCGG9019 (SACD) 1951.11.27-28, 12.2-4。

ヴァーグナー

●『トリスタンとイゾルデ』フィルハーモニア管弦楽団／フラグスタート (S)、ズートハウス (T) 他。米国盤 Angel3588 (5 枚) →EMI TOGE11028-31 (4CD, SACD) 1952.6.9-14, 16-21, 23。コヴェント・ガーデン王立歌劇場合唱団、グラインドル (Bs)、フィッシャー＝ディースカウ (Br) 他。
●『ニーベルングの指環』４部作　ローマ・イタリア放送交響楽団／コネツニ (S)、ヴィントガッセン (T)、フリック (Bs)、グラインドル (Bs) 他。米国盤 Seraphim6076-9 (18 枚) →
「ラインの黄金」HC WFHC004 (DVD) ローマ・イタリア放送合唱団
「ワルキューレ」EMI TOCE3770-73 (4CD) 1953.10.29-11.3-6 ＊「ワ

◉ 出典一覧

荘厳な熱狂　パリのフルトヴェングラー（『音楽紀行』新潮社、'57.4）
フルトヴェングラーの思い出（『世界の指揮者』ちくま文庫、'08.3）
フルトヴェングラー（同上）
フルトヴェングラーの至芸（『物には決ったよさはなく……』読売新聞社、'99.4）
未来を指さす音楽家、フルトヴェングラー（同上）
雑感　フルトヴェングラーのレコードから出発して（『音楽芸術』'80.3月号）
フルトヴェングラーの『エロイカ』
（「覚え書ベートーヴェン第二部」抄『吉田秀和全集・1』白水社、'75.5）
バイロイトの『第九』（原題「レコードと実演のあいだで・4」『今日の演奏と演奏家』音楽之友社、'70.8）
シュナイダーハンとのベートーヴェン『ヴァイオリン協奏曲』
（原題「ヨーロッパ、ヴィーン、そうしてブラームス」『一枚のレコード』中央公論社、'72.11）
フルトヴェングラーのブラームス『交響曲第四番』
（『吉田秀和作曲家論集・5　ブラームス』音楽之友社、'02.4）
ブルックナーのシンフォニー『第七番』『第八番』（原題「ブルックナーのシンフォニー」抄『吉田秀和作曲家論集・1　ブルックナー／マーラー』音楽之友社、'01.9）
フルトヴェングラーのケース（『吉田秀和全集・5』白水社、'75.7）
芸術と政治　クルト・リース『フルトヴェングラー』をめぐって（『吉田秀和全集・24』白水社、'04.11）

＊本オリジナル・アンソロジー文庫は2011年12月刊の新装版です。「フルトヴェングラー指揮参考CD一覧」はこのたび新たに付しました。

フルトヴェングラー

二〇一一年一二月二〇日　初版発行
二〇二三年一二月一〇日　新装版初版印刷
二〇二三年一二月二〇日　新装版初版発行

著　者　吉田《よしだ》秀和《ひでかず》

発行者　小野寺優
発行所　株式会社河出書房新社
〒一五一－〇〇五一
東京都渋谷区千駄ヶ谷二－三二－二
電話〇三－三四〇四－八六一一（編集）
〇三－三四〇四－一二〇一（営業）
https://www.kawade.co.jp/

ロゴ・表紙デザイン　粟津潔
本文フォーマット　佐々木暁
印刷・製本　中央精版印刷株式会社

 ISBN978-4-309-41927-5

カラヤン

吉田秀和　41696-0

今こそカラヤンとは何だったか、冷静に語る時。適任はこの人をおいていない。カラヤンの、ベートーヴェン、モーツァルト、ワーグナー、オペラ、ブルックナー、ドビュッシー、新ウィーン学派……。

決定版　マーラー

吉田秀和　41711-0

2011年オリジナル文庫の増補新装版。新たに「マーラー、ブルックナー」「マーラーの新しい演奏」「五番　他　シノーポリ」「菩提樹の花の香り」など五篇を追加。

クライバー、チェリビダッケ、バーンスタイン

吉田秀和　41735-6

クライバーの優雅、チェリビダッケの細密、バーンスタインの情動。ポスト・カラヤン世代をそれぞれに代表する、３人の大指揮者の名曲名演奏のすべて。

グレン・グールド

吉田秀和　41683-0

評価の低かったグールドの意義と魅力を定め広めた貢献者の、グールド論集。『ゴルトベルク』に始まるバッハの他、モーツァルト、ベートーヴェンなど、多角的に論じる文庫オリジナル。

ホロヴィッツと巨匠たち

吉田秀和　41714-1

圧倒的な技巧派・ホロヴィッツの晩年公演を「ひびの入った骨董品」と称し名声を高めた吉田秀和。他、著者が愛した名ピアニスト３人――ルービンシュタイン、リヒテル、ミケランジェリに関する一冊。

私のモーツァルト

吉田秀和　41809-4

吉田秀和がもっとも敬愛した作曲家に関するエッセイ集成。既刊のモーツァルトに関する本には未収録のものばかり。モーツァルト生誕230年記念。長文の「私が音楽できいているもの」は全集以外初収録。

ベートーヴェン

吉田秀和　41741-7

「ベートーヴェンの音って？」から、ソナタ、協奏曲、交響曲について、さまざまな指揮者、演奏家の解釈を通じて、ベートーヴェンとは何かを味わう。文庫オリジナル編集。

バッハ

吉田秀和　41669-4

バッハについて書かれたさまざまな文章を一冊に集める。マタイ受難曲、ロ短調ミサ曲、管弦楽組曲、平均律クラヴィーア、ゴルトベルク、無伴奏チェロ……。リヒターからグールドまで。

ブラームス

吉田秀和　41723-3

ブラームスの音楽の本質・魅力を、ブラームスの人間像も含めて解き明かす。交響曲、協奏曲、ピアノソロ、室内楽等々、幾多の名曲と名演奏を味わう、ブラームス鑑賞の決定版。文庫オリジナル。

中世音楽の精神史

金澤正剛　41352-5

祈りの表現から誕生・発展したポリフォニー音楽、聖歌伝播のために進められた理論構築と音楽教育、楽譜の創造……キリスト教と密接に結び付きながら発展してきた中世音楽の謎に迫る。

西洋音楽史

パウル・ベッカー　河上徹太郎〔訳〕　46365-0

ギリシャ時代から二十世紀まで、雄大なる歴史を描き出した音楽史の名著。「形式」と「変容」を二大キーワードとして展開する議論は、今なお画期的かつ新鮮。クラシックファン必携の一冊。

ユングのサウンドトラック

菊地成孔　41403-4

気鋭のジャズ・ミュージシャンによる映画と映画音楽批評集。すべての松本人志映画作品の批評を試みるほか、町山智浩氏との論争の発端となった「セッション」評までを収録したディレクターズカット決定版！

憂鬱と官能を教えた学校 上 【バークリー・メソッド】によって俯瞰される20世紀商業音楽史 調律、調性および旋律・和声

菊地成孔／大谷能生 41016-6

二十世紀中盤、ポピュラー音楽家たちに普及した音楽理論「バークリー・メソッド」とは何か。音楽家兼批評家＝菊地成孔＋大谷能生が刺激的な講義を展開。上巻はメロディとコード進行に迫る。

憂鬱と官能を教えた学校 下 【バークリー・メソッド】によって俯瞰される20世紀商業音楽史 旋律・和声および律動

菊地成孔／大谷能生 41017-3

音楽家兼批評家＝菊地成孔＋大谷能生が、世界で最もメジャーな音楽理論を鋭く論じたベストセラー。下巻はリズム構造にメスが入る！ 文庫版補講対談も収録。音楽理論の新たなる古典が誕生！

M／D 上 マイルス・デューイ・デイヴィスIII世研究

菊地成孔／大谷能生 41096-8

『憂鬱と官能』のコンビがジャズの帝王＝マイルス・デイヴィスに挑む！東京大学における伝説の講義、ついに文庫化。上巻は誕生からエレクトリック期前夜まで。文庫オリジナル座談会には中山康樹氏も参戦！

M／D 下 マイルス・デューイ・デイヴィスIII世研究

菊地成孔／大谷能生 41106-4

最盛期マイルス・デイヴィスの活動から沈黙の六年、そして晩年まで——『憂鬱と官能』コンビによる東京大学講義はいよいよ熱気を帯びる。没後二十年を迎えるジャズ界最大の人物に迫る名著。

服は何故音楽を必要とするのか?

菊地成孔 41192-7

パリ、ミラノ、トウキョウのファッション・ショーを、各メゾンのショーで流れる音楽＝「ウォーキング・ミュージック」の観点から構造分析する、まったく新しいファッション批評。文庫化に際し増補。

ヒップホップ・ドリーム

漢 a.k.a. GAMI 41695-3

マイク１本で頂点を競うヒップホップの精神とそれを裏切るシーンの陰惨なる現実。日本語ラップを牽引するラッパーが描く自伝的「ヒップホップ哲学」に増補を加え、待望の文庫化！

『FMステーション』とエアチェックの80年代

恩藏茂 41838-4

FM雑誌片手にエアチェック、カセットをドレスアップし、読者欄に投稿——あの時代を愛する全ての音楽ファンに捧ぐ！　元『FMステーション』編集長が表も裏も語り尽くす、80年代FM雑誌青春記！

「声」の資本主義　電話・ラジオ・蓄音機の社会史

吉見俊哉 41152-1

「声」を複製し消費する社会の中で、音響メディアはいかに形づくられ、また同時に、人々の身体感覚はいかに変容していったのか——草創期のメディア状況を活写し、聴覚文化研究の端緒を開いた先駆的名著。

邂逅

ミラン・クンデラ　西永良成〔訳〕 46712-2

ラブレー、ドストエフスキー、セリーヌ、カフカ、ガルシア＝マルケス、フェリーニ……愛する小説、絵画、音楽、映画を、かろやかに論じる、クンデラ評論の決定版。

考える身体

三浦雅士 41817-9

人類の歴史に「身体」を位置づけながら、「身体」と精神、言葉、思考、そして映画や音楽、演劇、舞踊といった諸芸術との関係をスリリングに描き出した身体論。書下ろし「舞踊の地平線」収録。

ことばと創造　鶴見俊輔コレクション4

鶴見俊輔　黒川創〔編〕 41253-5

漫画、映画、漫才、落語……あらゆるジャンルをわけへだてなく見つめつづけてきた思想家・鶴見は日本における文化批評の先駆にして源泉だった。その藝術と思想をめぐる重要な文章をよりすぐった最終巻。

考えるということ

大澤真幸 41506-2

読み、考え、そして書く——。考えることの基本から説き起こし、社会科学、文学、自然科学という異なるジャンルの文献から思考をつむぐ実践例を展開。創造的な仕事はこうして生まれる。

郵便的不安たちβ　東浩紀アーカイブス1

東浩紀　41076-0

衝撃のデビュー「ソルジェニーツィン試論」、ポストモダン社会と来るべき世界を語る「郵便的不安たち」など、初期の主要な仕事を収録。思想、批評、サブカルを郵便的に横断する闘いは、ここから始まる！

メディアはマッサージである

マーシャル・マクルーハン／クエンティン・フィオーレ　門林岳史〔訳〕　46406-0

電子的ネットワークの時代をポップなヴィジュアルで予言的に描いたメディア論の名著が、気鋭の訳者による新訳で、デザインも新たに甦る。全ページを解説した充実の「副音声」を巻末に付す。

バレリーナ　踊り続ける理由

吉田都　41694-6

年齢を重ねてなお進化し続ける、世界の頂点を極めたバレリーナ・吉田都が、強く美しく生きたいと願う女性達に贈るメッセージ。引退に向けてのあとがき、阿川佐和子との対談、槇村さとるの解説を新規収録。

アーティスト症候群　アートと職人、クリエイターと芸能人

大野左紀子　41094-4

なぜ人はアーティストを目指すのか。なぜ誇らしげに名乗るのか。美術、芸能、美容……様々な業界で増殖する「アーティスト」への違和感を探る。自己実現とプロの差とは？　最新事情を増補。

20世紀ファッション

成実弘至　41791-2

20世紀、ファッションは何をなし遂げたのか。どう発展し、社会や身体とかかわってきたのか、その創造性を問う、まったく新しいファッション文化史。ポワレからマルジェラまで10人を取り上げ考察する。

デザインのめざめ

原研哉　41267-2

デザインの最も大きな力は目覚めさせる力である——。日常のなかのふとした瞬間に潜む「デザインという考え方」を、ていねいに掬ったエッセイたち。日本を代表するグラフィックデザイナーによる好著。

都市のドラマトゥルギー　東京・盛り場の社会史
吉見俊哉　40937-5

「浅草」から「銀座」へ、「新宿」から「渋谷」へ――人々がドラマを織りなす劇場としての盛り場を活写。盛り場を「出来事」として捉える独自の手法によって、都市論の可能性を押し広げた新しき古典。

空間へ
磯崎新　41573-4

世界的建築家・磯崎新。その軌跡の第一歩となる伝説の単著がついに文庫化。一九六〇年代を通じて記された論文・エッセイをクロノジカルに並べ、状況と対峙・格闘した全記録がここにまとまる。

無言館　戦没画学生たちの青春
窪島誠一郎　41604-5

戦時中に出征し戦死した画学生たちの作品を収集展示する美術館――「無言館」。設立のきっかけや日本中の遺族を訪ね歩き、思い出話を聞きながら遺作を預かる巡礼の旅を描く。

アトリエ　インカーブ物語
今中博之　41758-5

知的障がいのあるアーティストが集う場所「アトリエ インカーブ」。世界的評価の高いアーティストを輩出した工房は何の為に、いかにして誕生したのか？　奇跡の出会と運命、そして必然が交錯した20年。

ボクたちのBL論
サンキュータツオ／春日太一　41648-9

ＢＬ愛好家サンキュータツオがＢＬと縁遠い男春日太一にＢＬの魅力を徹底講義！『俺たちのＢＬ論』を改題し、『ゴッドファーザー』から『おっさんずラブ』、百合まで論じる文庫特別編を加えた決定版！

漫画超進化論
石ノ森章太郎　41679-3

石ノ森がホスト役となって、小池一夫、藤子不二雄Ａ、さいとう・たかを、手塚治虫という超豪華メンバーとともに語り合った対談集。昭和の終わりに巨匠たちは漫画の未来をどう見ていたのか？

画狂人北斎

瀬木慎一　41749-3

北斎生誕260年、映画化も。北斎の一生と画風の変遷を知る最良の一冊。古典的名著。謎の多い初期や、晩年の考察もていねいに。

若き詩人たちの青春

三木卓　41738-7

鮎川信夫、谷川雁、田村隆一、長谷川龍生……。詩人たちが集い、いきいきと躍動していた1950－60年代。戦後の詩壇を鮮やかに彩った詩人たちの、知られざる素顔を描く記念碑的名著！

時代劇は死なず！　完全版

春日太一　41349-5

太秦の職人たちの技術と熱意、果敢な挑戦が「新選組血風録」「木枯し紋次郎」「座頭市」「必殺」ら数々の傑作を生んだ――多くの証言と秘話で綴る白熱の時代劇史。春日太一デビュー作、大幅増補・完全版。

演劇とその分身

アントナン・アルトー　鈴木創士〔訳〕　46700-9

「残酷演劇」を宣言して20世紀演劇を変え、いまだに震源となっている歴史的名著がついに新訳。身体のアナーキーからすべてを問い直し、あらゆる領域に巨大な影響を与えたアルトーの核心をしめす代表作。

ベンヤミン　メディア・芸術論集

ヴァルター・ベンヤミン　山口裕之〔訳〕　46747-4

いまなお新しい思想家の芸術・メディア論の重要テクストを第一人者が新訳。映画論、写真論、シュルレアリスム論等を網羅。すべての批評の始まりはここにある。「ベンヤミン・アンソロジー」に続く決定版。

ベンヤミン・アンソロジー

ヴァルター・ベンヤミン　山口裕之〔編訳〕　46348-3

危機の時代にこそ読まれるべき思想家ベンヤミンの精髄を最新の研究をふまえて気鋭が全面的に新訳。重要なテクストを一冊に凝縮、その繊細にしてアクチュアルな思考の核心にせまる。